图说中国传统行业

An Illustration to Chinese Traditional Trades

编 著 李露露

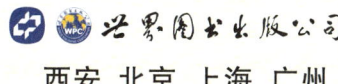

西安 北京 上海 广州

图书在版编目（CIP）数据

图说中国传统行业 / 李露露编著 . —2 版 . —西安：世界图书出版西安有限公司，2019.5
ISBN 978-7-5192-6049-1

Ⅰ. ①图… Ⅱ. ①李… Ⅲ. ①职业—中国—古代—图集 Ⅳ. ①D691.92-64

中国版本图书馆 CIP 数据核字（2019）第 059188 号

书　　名	图说中国传统行业 Tushuo Zhongguo Chuantong Hangye
编　　著	李露露
责任编辑	郭　茹
出版发行	世界图书出版西安有限公司
地　　址	西安市锦业路 1 号都市之门 C 座
邮政编码	710065
电　　话	029-87233647（市场营销部） 029-87235105（总编室）
传　　真	029-87279675
经　　销	全国各地新华书店
印　　刷	西安金鼎包装设计制作印务有限公司
开　　本	787mm×1092mm　1/16
印　　张	14.75
字　　数	245 千字
图　　片	697 幅
版次印次	2019 年 5 月第 2 版　2019 年 8 月第 1 次印刷
书　　号	ISBN 978-7-5192-6049-1
定　　价	68.00 元

☆如有印装错误，请寄回本公司更换☆

前 言

本书的名称是家喻户晓的，但它也有许多别名。在《清稗类钞·农商类·三百六十行》中记载："三百六十行者，种种职业也。就其分工而约计之，曰三十六行；倍之，则为七十二行；十之，则为三百六十行，皆就成数而言。"此外还有"七行八作""三教九流"之名。其实，中国的行业五花八门，为数众多，有些行内有行，大行包括小行，所以我们取其"中国传统行业"为书名，并附加"图说"二字，全名为《图说中国传统行业》。

行业的产生由来已久，可追溯到史前时代。人类自产生以来就以一定的谋生手段以图生存，最初是攫取经济，包括采集、狩猎、捕鱼，但后来由于自然资源的差异，生产力水平有别，人类在选择职业上出现了分别：有猎人、渔人、农人、牧人等，这是最早出现的行业。进入文明时代以后，随着手工业和商业的兴起，又出现了众多的行业：如玉工、铸工、商人等。至迟到隋唐时期已经出现了为了自卫的行会组织"行"，宋元时期发展为"团行"。但是行业的更大发展是伴随资本主义萌芽而兴起的，也就是在明清时期，各地各行业纷纷组成"帮""会""社""会馆""公所"等行会组织，所有这些都表明了各行各业活动十分活跃。

行会都有一定的名称，有些是以其祖师命名的，如鲁班会、蒙恬会、窑神会、绘仙社等；行会有会旗和仪仗，会旗上多写有祖师的名字，或绘制祖师或者保护神的形象；每个行会都制定会章、规约，实行奖惩制度；行会有集会和办事场所，定期集会；行会必有行业神，必定期举行祭神竞会，等等，这些都是各行业的共同特点。

大概基于对职业的爱好和研究的驱动，笔者十分喜爱搜集历代保留下来的行业图像资料。我们的取材有几个来源：一是考古遗迹，主要是画像石、画像砖、壁画中的行业图像；二是古代图像中的行业，如古籍中的插图、耕织图，绘画上的有关行业图像；三是民俗学资料，主要是年画、纸马、招幌等图像资料，这些资料的共同特点都是有可视的形象，也是很生动的画面，以此再现了中国传统的三百六十行的活动。

本书除了介绍各行各业的活动之外，对于行业神也给予了一定的关注。俗语说："三百六十行，无祖不立。"由此可知行业神是三百六十行的有机组成部分。《阅微草堂笔记》："百工技艺，各祠一神为祖。"其实，行业神不仅仅是对行业神或行业保护神的膜拜，也是一种文化载体，其祭神竞会活动中保留了大量的民间文化，是一幅幅生动的民间文艺大会演。高尔基说得好："在原始人的观念中，神并非一种抽象的概念、一种幻想的东西，而是一种用某种劳动工具武装著十分现实的人物。神是某种手艺的能手，是人们的教师和同事。"（《高尔基论文学》，广西人民出版社，1980年）如神农、西陵氏、鲁班、黄道婆等都是这样有血有肉的历史人物和发明家。

笔者在梳理上述图像资料的基础上，按其社会职能，将本书内容分为十五章，每章十分若干小节，在各章各节中又都有一段文字解说，然后以图展开。从这种意义上说，这是一部文图结合的"图说中国传统行业"，加上每幅图都经过电脑软件的科学处理或临摹加工，必然为历史学和考古学研究，以及各种专史探索提供大量的形象资料。

通过这项编著工作，也使我们认识到，在过去的历史研究中，一般多侧重于文字典籍，史料学也是如此。事实上图像资料也是极其丰富的，其发生历史是在文字产生之前，后来的图像资料也取之不尽；加上照相、影视业的兴起，也为历史研究提供了新的史料来源，从而出现了一种"图像学"或者"照片学"。我们所编著的《图说中国传统行业》就是为"图像学"的创建提供引玉之砖，不过其中定有疏漏，望广大读者批评指正。

李露露

Foreword

China has a large number of trades varying greatly from each other, some trades have sub-trades, so we give the name Traditional Chinese Trades to the book with the supplementing word "Illustration". Thus the whole name for the book is *An Illustration to Chinese traditional trades.*

The origin of trades can be traced back to pre-history age. Since the beginning of human beings, man struggled for living through different kinds of means, the initial form of which is snatching including gathering, hunting, fishing; Later there emerged diversified professions such as hunter, fisher, farmer, herder and so on. These are the earliest trades. Entering into the civilized stage and with the rising of handicraft and commerce, new trades emerged, such as jade grinder, founder, merchant etc. The guild for self-protection of different trades emerged no later than the Sui and Tang dynasty, which was developed into "Tuan-Hang" (also a kind of guild) of Song and Yuan dynasty. But the biggest step taken in the development of trades was in the Ming and Qing dynasty with the beginning of capitalism. A lot of "Bang" "Hui" "She" "Hui-Guan" "Gong-Suo" (different names for guild in Chinese) and other kinds of guilds were established in various trades and regions, embodying the activeness of all sorts of trades.

Probably due to my love of the job, I like collecting the picture data on trades left behind from all ages. The sources includes: First archeological relics, mainly those trade images on picture stones, picture bricks and murals; Second trades in old pictures such as illustrations and picture about farming and household work in ancient books, and trade-related pictures on paintings; Third folklore data, mainly New Year Painting, Paper Horse, Zhaohuang (a kind of signboard) and other picture data. These data has a common characteristic: that is they are vivid and conceivable images telling the activities of traditional Chinese 360 trades.

On the basis of processing the above-mentioned picture data, this book is divided into 15 chapters according to social functions, which is further divided into several sections.

There is an explanation paragraph in each chapter and section. Then the context of book is developed according to the arrangement of pictures. Based on this, this book can be call a pictorializing the Chinese traditional trades combining both characters and pictures. Each picture is scientifically treated or processed by computer software and will surely provide a large amount of vivid data for historical and archeological research and all kinds of explorations in the history of a specific circle.

In the process of compiling, we also realized that the past historical research were mostly focused on character books, so is true for historical date study. In fact the picture data is very rich and the pictures emerged earlier than characters. Picture data in the following ages are also abounding; With the rising of photo and movie and TV industry, which provides a new data sources for historical research, there appears "picturology (the study of pictures)" or "photology (the study of photos)". Pictorializing the Chinese traditional trades compiled by us is an attempt to the establishment of picturology (the study of pictures), expecting for better ideas and works. However it is sure that there are mistakes and omissions in the book, and I am willing to accept corrections from readers.

Li Lulu

目 录
Contents

农业行   Agriculture   001

农业	Farming 002
饲养业	Breeding 010
采摘业	Picking 015
狩猎业	Hunting 018
捕鱼业	Fishing 021
花木业	Gardening 024

手工作坊行   Handcraft and Workshop   027

木作业	Woodcraft 028
石作业	Stonecraft 032
砖瓦业	Tile 034
陶瓷业	Pottery 036
编织业	Knitwork 038
纺织业	Textile 040
蚕丝业	Silkwork 043
矿冶业	Mining and Smelting 046
磨坊业	Millwork 049
印刷业	Printing 051

金融百货行   Finance and General Merchandise   053

钱庄业	Qianzhuang (Old-Style Chinese Private Bank) 054
典当业	Pawn Shop 056
博彩业	Lottery 058
布匹业	Clothing 059
衣帽业	Dressing 060

金属器皿业	Metal Ware	062
陶瓷品业	Ceramics	063
编织品业	Knitting	064
杂品业	Sundry Goods	065
花线业	Colored Thread	067

食品供应行　　Foodstuff Supply　　069

主食业	Staple Food	070
肉食业	Meat	072
鸡鸭业	Poultry	076
鱼虾业	Fish and Prawn	077
蔬菜业	Vegetable	079
野味业	Venison	081
酒茶业	Wine and Tea	082
调味业	Seasoning	084

饮食小吃行　　Food, Drink and Snack　　087

面食业	Wheat Food	088
糕点业	Cake	091
豆腐业	Beancurd	094
烧烤业	Barbecue	096
茶汤业	Tea House	098
肉蛋业	Meat and Egg	099
冷食业	Frozen Food	101

果品行　　Fruit　　103

鲜果业	Fresh Fruit	104
干果业	Dried Fruit	107
糖果业	Candy	109

修理行　　Repair　　111

补衣业	Cloth Patching	112

| 器皿修理业 | Utensils Repair 114 |
| 其他修理业 | Others 117 |

服务行　　　　　Service　119

供柴火业	Firewood Supply 120
供饮水业	Water Supply 121
收旧货业	Second-Hand Collection 123
理发美容业	Haircut and Hairdressing 125
雇工业	Labor Hiring 127
社会服务业	Social Service 128

交通运输行　　　Transportation　131

人力运输业	Manpower Transportation 132
畜力运输业	Animal Power Transportation 136
车辆运输业	Vehicle Transportation 139
水运业	Water Transportation 144

文化教育行　　　Culture and Education　147

教育业	Education 148
书报新闻业	Book, Newspapers and Journalism 151
文化祖业	Founders of Chinese Culture 156

医药行　　　　　Medicine　157

医护业	Medicine and Nursing 158
药业	Pharmacy 161
巫医业	Witch Doctor 165
医圣药王	Medicine Masters 167

演艺行　　　　　Acting　169

| 说唱业 | Talking and Singing 170 |
| 民间小戏 | Folk Playlet 174 |

| 戏剧业 | Drama 179 |
| 乐舞业 | Music and Dancing 183 |

武术杂技行　Wushu (Martial Art) and Acrobatics　187

武术业	Wushu (Martial Art) 188
顶技业	Dingji (Head Skills) 190
技巧业	Skills 192
马戏业	Circus 195
魔术	Magic 198

军政衙役行　Officers　199

军人	Soldier 200
狱卒	Jailer 203
衙役	Yamen Runner 205
其他杂役	Others 208

宗教迷信行　Religion and Superstition　209

巫教	Witch Cult 210
道教	Taoism 212
佛教	Buddhism 214
算命	Fortune Telling 216
卖供品和避邪物	Offerings and Apotropaion 220

主要参考书目　References　222

后记　Afterword　223

第一章·农业行

  人类生存的基础之一是必须进行物质生产，为人类提供衣食之源。其中有各种谋生方式，最早的谋生手段是攫取经济，包括采集、捕鱼和狩猎，这些谋生方式在历史的长河中，占去了绝大部分时间，因此采集、狩猎、捕鱼是人类最早出现的行业。距今约一万年前，人类又发明了生产经济，包括农业、饲养业，后来又出现了畜牧业，从而出现了农人、牧人。他们放弃了攫取自然界提供的自然产品，而是利用人工的方式去加工、利用自然物，这是一种新型的生产经济。在中国传统的乡村社会中，无论是采集、狩猎、捕鱼，还是农耕、饲养业、畜牧业，都归为农业经济，它们是中国人的基本衣食来源，本章所讲的农业行，实际上指的是大农业。

农 业

农业是人类最基本的谋生手段,尤其在中国,自原始社会中期开始,各氏族部落就以农业为主要的谋生手段,一直延续至今。

传说农业是由炎帝神农氏发明的,神农氏是农业的行业神,古代的皇帝每年也要到先农坛祭祀神农氏。

农业是一种比较复杂的谋生手段,分工较细,活茬较多。如果以农业生产的秩序而言,它包括若干阶段。首先是翻耕土地。人类最早的耕作方法是火耕,即先砍倒树

1-1-1 炎帝神农尝百草 传说神农尝百草,遇七十毒,最后才发明了农业 民间绘画

1-1-2　神农教稼　汉代画像石

1-1-3　祭祀先农　《中国神农》

木，晒干后点火焚烧，化草木为灰肥，然后播种。耕种、除草比较简单，但看护庄稼、防止兽害是主要的活计。火耕地不耕不耘，土地使用年限短，一般为两三年而已。大约在春秋战国时期普遍使用了耕犁。最初的耕犁是二牛抬杠，从唐代开始使用比较先进的曲辕犁。犁是翻地的一种农具，但是犁过的地土块大，必须碎土，一般使用木耙平地。接着进行播种，等庄稼长出后，伴随而来的是锄草、护苗、施肥和灌溉。

1-1-4　耕地　敦煌莫高窟唐代壁画

农作物有一定的生长周期，但庄稼成熟后必须及时收割、打场、入仓，否则粮食遇雨腐烂或错过收割时机会造成严重损失。最初的收割工具是石刀、石镰，后来改为铁镰，而且一两千年没有太大变化。

1-1-5　卖种子的人　康熙《耕织图》

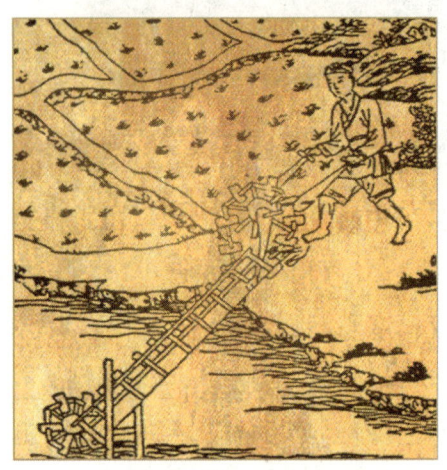

1-1-6　人力翻车引水　《天工开物》

1-1-7　灌溉　康熙《耕织图》

1-1-8　锄草　《皇都积胜图》

1-1-9　耙地　嘉峪关北魏画像砖

1-1-10　拾粪　山东汉画像砖

1-1-11　曲辕犁耕地　《孔子圣迹图》

1-1-12 开渠引水 《授衣广训》　　1-1-13 捕蝗虫 《捕蝗图说》

从上述事实看出,农业生产可以是一种行业,但是大行之中也有小行,即农业生产中又有许多小行业,于是,就出现许多擅长农业种植的人。其中最重要的是"犁把式",他是干各种农活的能手;主要从事收割的是"麦工",还有"车把式""磨坊

1-1-14 割稻　焦秉贞绘《耕织图》

工"等。这是农业生产的特点之一。不过,长期以来人们并不完全理解农业生产的丰歉取决于人类的劳动,而且古代农民对各种自然灾害也束手无策,因此认为有一种或许多种超自然的神灵主宰着农业的收成。所以在农业生

1-1-15 运禾 宋代《耕织图》

1-1-16 摘棉花 《授衣广训》

1-1-17　打场　康熙《耕织图》

1-1-18　雨师　《中国民间神像》

产中有各种各样的行业神。北京有皇帝祭先农的先农坛，各地有地方性的先农坛。立春时节要祭祀芒神和进行鞭春牛等活动。农业中的行业神有土地神、农神、雨神、扫晴娘、虫王、蝗虫神、青苗神、场神、仓神等。

1-1-19　土地神　《中国民间神像》　　1-1-20　五谷之神　《云南甲马》　　1-1-21　青苗蒲神　《中国神像剪纸》

1-1-22 虫王神 《中国神像剪纸》

1-1-23 场神 《云南甲马》

1-1-24 仓神 河南内邱纸马

1-1-25 仓库神 《中国神像剪纸》

饲养业

1-2-1　放羊哥　《云南甲马》

从中国的考古资料看，狗是最早被饲养的动物，因为它既可以保护主人，又能追逐野兽，充当猎人的助手。自从农业生产以后，人类有了比较稳定的收成，也有了相对固定的居所，为饲养业的发展创造了有利的条件。在我国史前时代，人类已经开始饲养狗、猪、羊、牛、马、鸡和鸭等家畜、家禽，形成了一种以农业为主的综合性经济——自给自足的自然经济，这种经济形式较长时间地保留在广大农村地区。

1-2-2　养狗者　《流民图卷》

1-2-3　羊倌　《太平欢乐图》

　　在传统的饲养业中，家家户户都饲养狗，有的是看家护院，有的是供来玩赏，猎户养狗则为狩猎。养猪也是各家各户的重要副业，猪不仅能提供肉食和农家肥，而且也是农村的重要动产，可以作为交易的等价物。有些老人、儿童则成为放猪的能手。羊也是比较普遍的家畜，特别是在山区和半山区，多以群养为主，并且有专门的牧羊人——羊倌。牛是农家的主要畜力，南方多养水牛，北方多养黄牛，西南则养牦牛。除作为畜力、挽车、耕田外，牛也是肉食品、祭祀品、乳类的重要来源，因此在文学

1-2-4　放猪　《吴友如画宝》

1-2-5　牧牛　《吴友如画宝》

作品中，牛是重要的题材。在南方和西南地区还流行牛王节。马也是重要的力畜，主要是用于骑乘、挽车，也用于军事，它是古代骑兵的重要支柱。因此养马业在古代占有重要的地位，也形成一套成功的养马经验，还流传有《相马经》等著作。在西北地区普遍饲养骆驼，主要用于运输，且被称为"沙漠之舟"；在云南西双版纳和德宏地区则饲养大象，作为贵族的骑乘，大象在古代也用于征战。鸡、鸭、鹅则是家庭的重要副业，猫、鸽子等则是某些家庭的宠物。

1-2-6　牵骆驼　嘉峪关北魏画像砖

西北、西南和北方的一些民族以游牧为生，大量饲养羊、马、牛和骆驼。我国的游牧业有两大特点：一是起源较晚，原始社会末期出现在西北地区；二是在整个社会经济生活中不占支配地位。但北方游牧民族有很强的爆发力，尤其是在古代，他们的骑兵是很有名的，经常成群挺进中原，甚至建立地方政权，他们在中原面对强大的农业文化和众多的农民，又不得不接受农业文明，这让他们无形中也迈向了农业文化。

1-2-7　洗马　赵孟《浴马图》

1-2-8　育马　《百马图》

1-2-9　阉牛　河南汉画像石　　　　1-2-10　牧马　嘉峪关北魏画像砖

1-2-11　挤牛奶　敦煌莫高窟唐代壁画

1-2-12　养鸭　民间烟画

1-2-13 养鸡 四川大足宋代石刻　　1-2-14 鸡贩子 《七十二行现相图》

1-2-15 牛马王 《云南甲马》　　1-2-16 牛马神 河南内邱纸马

家畜饲养和游牧业中也供奉自己的行业神，前者有猪栏神、马神、牛神、鸡羊之神，有的地方还供奉粪神。

1-2-17 圈神 《云南甲马》　　1-2-18 羊倌神 《云南甲马》　　1-2-19 鸡羊之神 《云南甲马》

采摘业

采摘业起源于采集活动,原始人以攫取自然资源为手段,谋取最基本的生活资源。采集的对象有植物的块根、枝叶、果实和幼小的动物。台湾高山族以挖野薯充饥。西南独龙族、珞巴族用冬棕树加工面粉,这是他们的主要食物,但是必须把树木敲碎、过滤,最后提取淀粉食用。在民间还保留着挖野菜、捞螺蛳、夹蚬子、采菱角等活动,所有这些都是原始采集经济的残迹。

1-3-1　摸螺蛳　《图画日报》　　　1-3-2　探珠船　《天工开物》

随着历史的发展和对经济作物的开拓,采集经济逐渐发展为采摘业。其中最有影响的有以下几种:一种是采取沉香,主要流行在海南岛等南方地区;一种是采集珍珠,主要是在东南沿海地区,在黑龙江流域也有流行;另一种是采集人参,流行在长白山地区;还有一种是采茶,这种行业在南方极为流行,出现了茶农,不过许多采茶活动是由妇女承担的,在美术作品中就有许多描述采茶女的题材。因为陆羽的《茶经》对后世有较大影响,所以茶农拜陆羽为行业神。

1-3-3 卖桑葚 康熙《耕织图》

1-3-4 卖桑叶 《太平欢乐图》

1-3-5 夹蚬子 《图画日报》

1-3-6 采茶女 《吴友如画宝》

1-3-7 拣茶叶 《图画日报》

　　还有一种是采桑行业。南方和西南地区普遍种植桑树，桑树的果实桑葚可以食用，叶子可以喂蚕，从而出现了采桑、育蚕等劳动。这些也是由妇女进行的。在采桑养蚕活动中，还存在许多信仰，他们各自供奉自己的行业神。杭州嘉湖地区历来是以养蚕为主，因而丝织业也成为其主要的行业，他们的蚕神就是马头娘，又称马头神、蚕花娘娘、蚕姑、马娘娘、蚕皇老太、马明王等。当地还供奉嫘祖、三姑、青衣神和蚕花五圣。祭祀蚕神多在清明前后，当蚕蚁孵出时，必须供奉蚕神；另一次是采蛹完毕后，一定得谢蚕神。

1-3-8　养蚕女　康熙《耕织图》

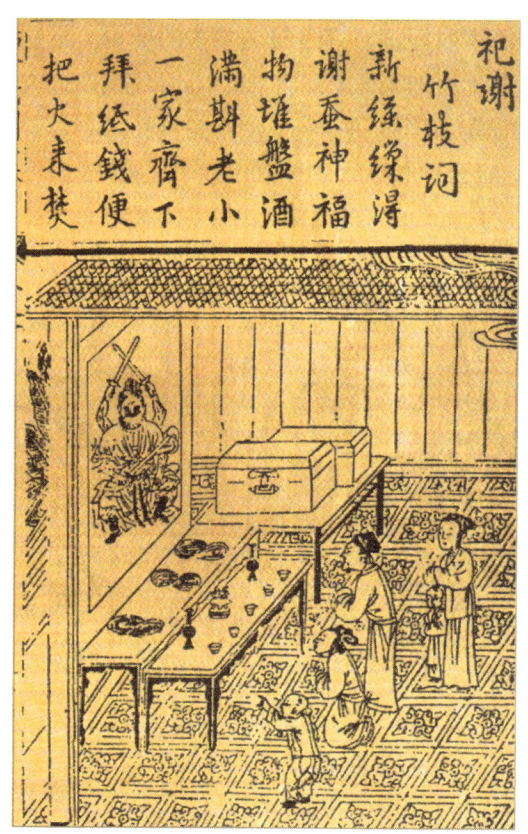

1-3-9　祀蚕神　《便民图纂》

1-3-10　青衣神　《三教源流搜神大全》

狩猎业

1-4-1　猎虎　汉代车饰图案

同采集业一样，狩猎业也是一种最古老的攫取经济，有着极其悠久的历史。最初人类以石块、棍棒猎取野兽，多以较小的野兽为谋取对象。到了旧石器时代晚期，人类发明了一系列狩猎工具，主要有石球、飞石索、镖枪和弓箭，使得狩猎技术有了突飞猛进的发展，人们开始大量捕杀较大、较凶猛的野兽，个别地方出现了"猎马人"。猎物不仅能提供肉食，也可提供兽皮、兽筋，成为人类重要的衣食之源。

1-4-2　猎兔　嘉峪关北魏画像石

1-4-3 射雁 成都百花潭银壶图案

1-4-4 粘鸟 《白云山市图》

农业崛起之后，特别是农耕有较大发展以后，一方面狩猎还是某些民族的主要谋生手段，他们发展为猎人或狩猎民族，如鄂伦春族、赫哲族就是如此；另一方面狩猎成为农业民族的副业或消遣活动，这方面有许多历史遗迹可寻。

狩猎的工具和方法较多，最早的有效狩猎工具是石球和飞石索、弓箭，后来又发明了弋射。在战国时期，流行以大雁作为婚礼的礼品，因此当时以弋射猎雁成风。后来使用弓箭相当普遍，如汉代画像石、嘉峪关画像砖中都有生动的狩猎场面。北方草原还流行打兔棒，后来演变为"骨朵"。利用动物狩猎也是一大发明，起初用猎犬，借以寻找和追踪野兽，后来有了驯化的猎鹰、海东青。西北民族还饲养猎豹。近代民族调查证实，用弓箭猎取凶兽是较难取胜的，因此多在箭头上涂有毒药，一般使用草乌膏，彝族的猎用毒

1-4-5 火田为狩 《尔雅音图》

1-4-6 围猎 《孔子圣迹图》

1-4-7 猎犬 《宋代西岳降灵图》

1-4-8 猎神 汉族纸马

1-4-9 打猎将军 《云南甲马》

药有几十种之多。此外还有套索、夹子和陷阱等狩猎方法。

从传统狩猎观念来看，狩猎是十分危险的，由于恐惧而产生信仰。人们信仰猎神主宰狩猎活动，无论是汉民族，还是少数民族，普遍供奉猎神、打猎将军，借以祈求狩猎获得丰收。

1-4-10 猎鹰 《宋代西岳降灵图》

1-4-11 猎户 敦煌85号窟唐代壁画

捕 鱼 业

捕鱼业也是一种古老的攫取经济。从考古资料看，最早的捕鱼方法是利用鱼镖叉鱼，但是民族学资料告诉我们，利用棍棒、木刀也可以捉鱼。到了新石器时代，又先后出现了鱼钩、网坠，由此可以看出钓鱼、网鱼在古代也是相当流行的。事实上，民间除钓鱼、叉鱼外，捕鱼者也利用各种工具，主要有抬网、抄网、甩网、挂网等，这是最普遍的捕鱼方法。此外也利用鱼笱等捕鱼。

1-5-1 渔翁 《明代传奇》

1-5-2 渔翁 《图画日报》

1-5-3 钓鳗鲤 《图画日报》

1-5-4 元代秋浦归渔图

1-5-5　甩网　《中国古典文学版画选集》

在南方和西南也饲养鱼鹰，即鸬鹚。所有从事捕鱼的人均称为渔翁，由"翁"字之形意可以看出这是男子的行业，但在南方和西南一些少数民族地区，妇女也是捕鱼能手，如黎族、傣族、壮族等。渔业也有它的行业神，主要是鱼神，有的地方也崇拜龙王，认为人们之所以能捕到鱼，完全是由龙王主宰的。

1-5-6　鱼神　《云南甲马》

1-5-7　水府龙王　《云南甲马》

1-5-8　鱼鹰　宋代山水长卷

1-5-9　捕鱼　《白云山市图》

花 木 业

随着城市生活水平的提高，养花育草也成为市民生活的内容之一，从而出现了花农和花乡。他们栽种出花卉以后，又请人把花卉投放到市场，于是出现了新的卖花职业，如卖花女、卖花婆、花贩等。所售花卉也是多种多样，有梅花、水仙花、腊梅、柳枝等。另外，种树、伐木业也随之兴起。

1-6-1 卖花婆 《吴友如画宝》

1-6-2 卖水仙花 《图画日报》

1-6-3 花匠 《吴友如画宝》

1-6-4 卖天竹腊梅 《图画日报》

1-6-5 伐木 《墨谱》

1-6-6 卖盆景 《白云山市图》

1-6-7 四季花神 民间年画

1-6-8　花神殿　《点石斋画报》

1-6-9　树神　《云南甲马》

花匠和卖花人也有自己的行业神，如花神、香神、四季花神，花匠和卖花人定期去花神殿和花神庙烧香上供，祈求花神保佑。

1-6-10　花神　《中国迷信研究》

1-6-11　香神　《中国迷信研究》

第二章·手工作坊行

在三百六十行中，有许多手工作坊行业，又有"七行八作"之称。就其分类而言，有许多分法，每类行业中又分若干小行业。这里主要介绍十种作坊行。

木 作 业

木作业起源于史前时代，如七千年前的河姆渡文化就已经兴建了比较复杂的杆栏式建筑，后来又有很大的发展。它不仅是制作工具、器具的手工业，也是建筑业、修理业所不可缺少的。

从事木匠工作的人员，他们有较多的木作技术，事实上其中有大木匠、小木匠之分。前者相当于木作的工程师，可以主持建筑、造车、造船等复杂的木工活；小木匠在技术上则不如前者，只能做一般性木活。城镇中流行的木匠，已趋向于专业化，各守一职，如搭凉棚（又称棚匠）、木箱工、风箱工、招牌匠、做江北车子、做洋车、造船匠。也有走街串巷的小木匠，还有装火柴的女工。

木工有自己的行业神即鲁班、张鲁二班先生之神。远在明代就已经有《鲁班经》，又称《鲁班经匠家境》《鲁班书》，书中总结了木作的技术和从事木作的风俗，也有对鲁班的信仰。各地区还建有鲁班庙、鲁班殿、公输子祠、鲁班仙师祠。

2-1-1　木匠　《白云山市图》

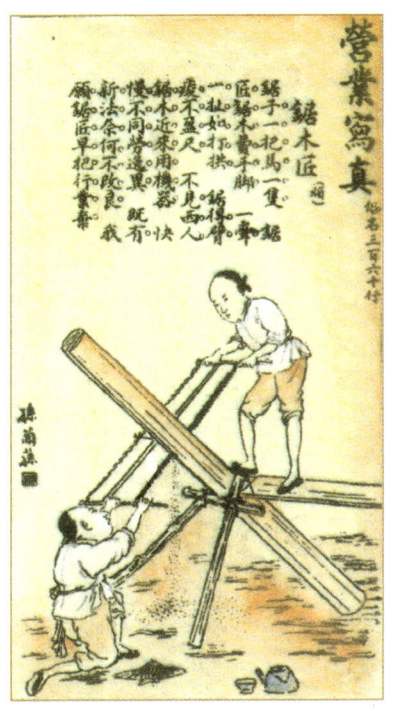

2-1-2 锯木匠 《图画日报》

2-1-3 做板箱 《图画日报》

2-1-4 搭凉棚 《图画日报》

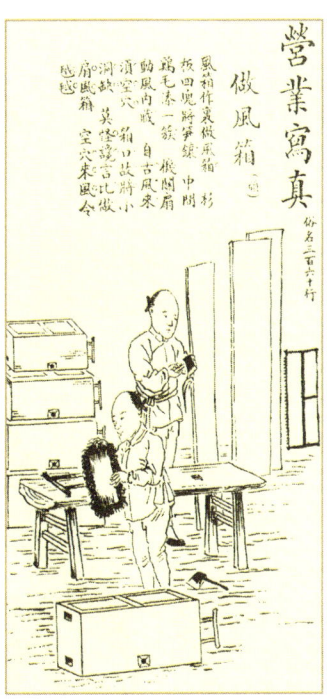

2-1-5 做风箱 《图画日报》

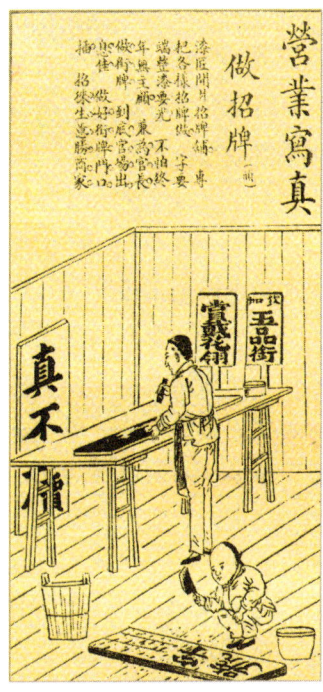

2-1-6 做招牌 《图画日报》

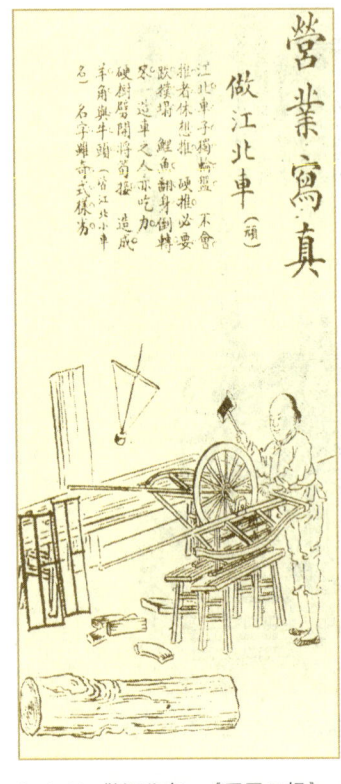
2-1-7 做江北车 《图画日报》

2-1-8 做东洋车 《图画日报》

2-1-9 船匠 《图画日报》

如北京就有多处，在精忠庙、东岳庙、前门外公输子祠都供奉有鲁班的神位，春秋季节举行鲁班圣会，此时要选吉日、设神位、上供品、拜神尊。在《鲁班书》中记载了不少架屋上梁的风俗：

"起造新房上梁：各地的乡俗不同，但大多数的地方都举行上梁仪式……做屋的东主预先择定上梁的吉日良辰，木工按照东主择定的日期上梁……木工掌墨师傅，把斧头、墨斗、曲尺放在桌子上，五尺斜靠在桌子前方，瓦工的瓦刀、挂尺放在前方。准备工作就绪，木瓦工和东家洗手洗脸，家主把烛点燃，装香敬神，请木工上梁，木工掌墨师走到桌前曰：'鲁班来得早，此刻上梁好。'木工把青布搭在梁上，从梁头搭到梁尾，将五尺红挂在曲尺上，斧头红系在斧头上，点几炷香，向上作一揖，在桌上香砚内装三香，转身向前门作一揖，在大门前扦一炷香，瓦刀底下扦一

2-1-10 砍木料 元代《全相五种评话》

2-1-11 做木车 清明上河图

2-1-12 串街木匠 右玉宝宁寺水陆画

2-1-13 鲁班大仙 《中国民间神像》

2-1-14 张鲁二班先生之神 《云南甲马》

炷香，开始封梁……祭酒，师傅拿起酒壶曰：'有请众神仙、师尊齐来享用。一请天地水府，二请日月三光，三请开夯老祖，四请紫微中央，五请先君先师，六请风伯雨师，七请玄老师尊，八请蒋太真人，九请九天玄女，十请玉皇大帝。'"

这段记载，不仅详细记述了上梁过程，也叙述了木作行业的信仰和作业方式。

石 作 业

石作业指石器加工，起源于石器时代，因为当时以石器为生产工具，前期只会打制方法，故称打制石器或旧石器时代，后期已掌握了磨制、钻孔技术，故又称为新石器时代。传统的石作业距史前时代已远，仅仅是加工一些零活，或者为建材提供一些石子、沙石，如制作大理石碾磨等。城镇地区则有一种刻石碑的石匠。后来又从石作业分出一种玉作业，专门从事加工玉器，并流传下来《玉作图》一书。后来象牙制作也出现在其中。该行业也是供奉鲁班为行业神的。

2-2-1 岩神 《云南甲马》

2-2-2 打珠眼 《中国老360行》

2-2-3 石匠 《图画日报》

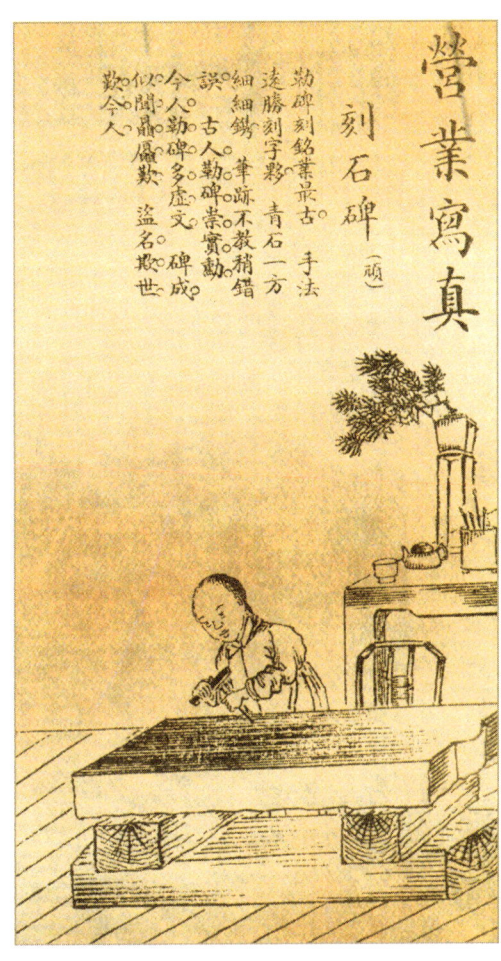

2-2-4 刻石碑 《图画日报》

2-2-5 琢玉行 《中国老360行》

2-2-6 锯象牙 《中国老360行》

砖 瓦 业

2-3-1 砖厂 《盛世滋生图》

砖瓦为建筑材料，从事这一行业的为砖瓦匠。这些人有些是专职的，有些是由农民兼任的，农民农忙种地，农闲烧砖。在广大农村都有砖瓦厂，一般就地取土、和泥，然后由工人拉成瓦坯，或者做成砖坯，再经过土窑烧制，就生产出了砖瓦。中国砖瓦历史悠久，远在西周时期就已经有了瓦，后来多以砖瓦为建筑材料，一直延续至今。

在砖瓦行业中，有些人制作砖瓦，直到烧制完成；有人专门烧制方砖和琉璃瓦，这些是提供给宫廷和修建豪宅使用的；有些人还专门从事房屋建筑。

砖瓦业有各种各样的行业神。传说尧曾派普安去修建房子，普安让鲁班去施工。由于房子是用土坯建成的，一下雨就塌了。普安去请教太上老君，太上老君指着炼丹炉说，水要用火来克，土烧成砖就不怕雨水了。普安就砌窑烧坯为砖，于是建造了坚

2-3-2 造砖坯 《天工开物》

2-3-2 造砖坯 《天工开物》

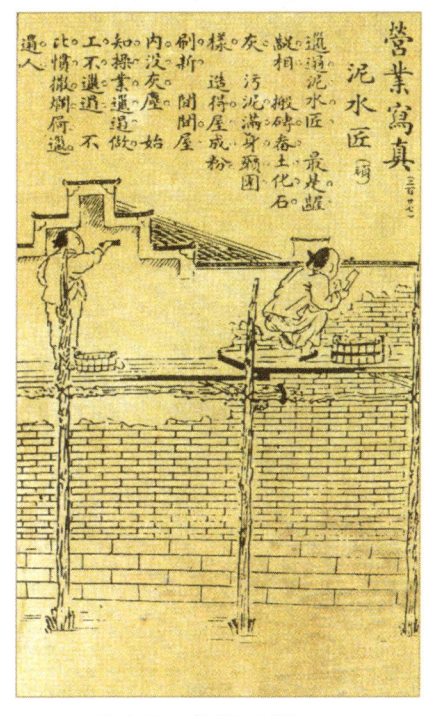

2-3-4 泥水匠 《图画日报》

2-3-5 窑神宁封子 《三教源流搜神大全》

固的房子，普安也成了砖瓦业的祖师爷。其他地区则另有祖师爷，如太上老君、鲁班、宁封子、窑土地公公等。

陶 瓷 业

2-4-1　陶场　《盛世滋生图》

陶瓷业是一种古老的行业，先有陶器，后有瓷器，前者远在史前时代就流行了，并且延续至今。魏晋以后瓷器崛起，成为一种重要的手工业。《景德镇瓷器制作图》就全面介绍了当地瓷器的制作过程。

民间的制陶工具，一般都有一个陶车，陶工在陶车上拉坯，这是我国许多民族所使用的快轮制陶方法。在少数民族地区还有各种原始制陶方法，如黎族的泥片贴筑法、佤族的泥条盘筑法、藏族的模制法等。

陶瓷业有众多的行业神，但各地不同，如景德镇供奉童宾、赵慨（帅主）、华光（五王庙）、鲁班、蒋知四等，也有供奉火神的。

2-4-2　火神　《云南甲马》

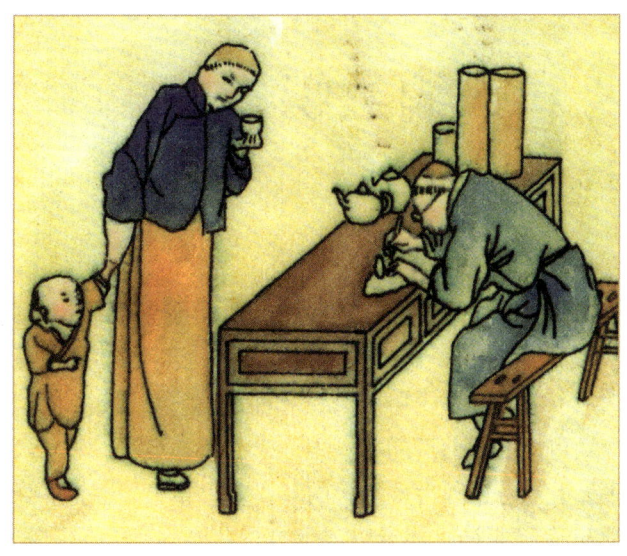

2-4-3 刻陶瓷 《中国老360行》

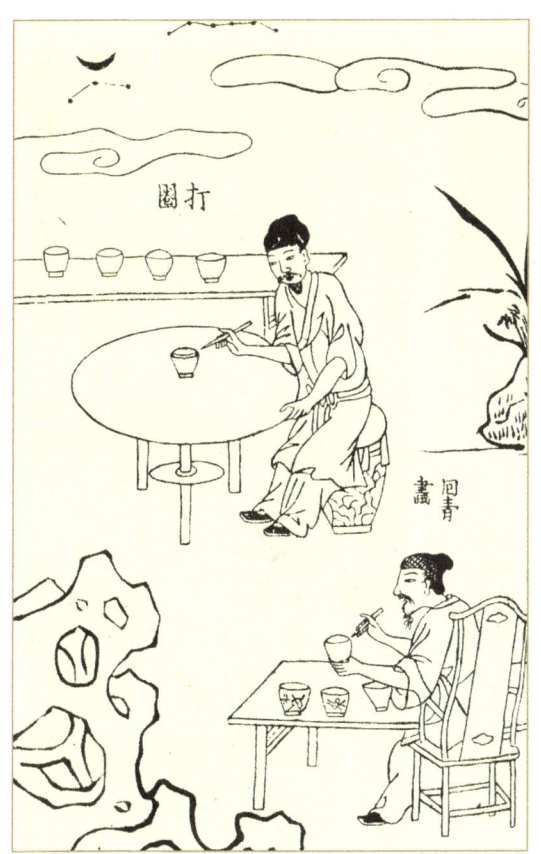

2-4-4 绘瓷 《天工开物》

2-4-5 刻瓷 《图画日报》

编织业

　　编织业是一种极其古老的手工业，从取材上划分，有藤编、竹编、草编、麦秸编、秫秸编等。一般来说，各地取材不同，侧重的技术也不一样。在城镇地区流行的编织行业，又以编织对象相异而有不同的专工，包括做饭箩、做笆斗、扎草瓮、做竹筹、做竹箱、做竹帘、做芦帘、糊灯笼等。

　　编织业的祖师爷为刘备，因为他年轻的时候卖过草鞋，并流传下来不少传奇故事。有些地方则供奉鲁班为行业神，或者以鲁班妻子荷叶先师为编织业祖师。《鲁班书》中则以李光明为篾匠的祖师。

2-5-1　竹编坊　民间烟画

2-5-2　糊灯笼　民间烟画

2-5-3　做饭箩　《图画日报》

2-5-4 做竹帘 《图画日报》

2-5-5 做竹箱 《图画日报》

2-5-6 做笆斗 《图画日报》

2-5-7 扎草瓮 《图画日报》

纺织业

人类最初是不知道纺织的，而是以树皮、兽皮为衣裳，针、锥是最早的缝纫工具，所用的线是兽筋和野麻，这可追溯到旧石器时代。新石器时代开始种麻、养蚕，出现了纺轮和织机，汉代以后又发明了纺车、水平架机，后来又出现了提花机。清末明初，西方先进的纺纱技术和织布机传入中国，出现了各种纺织分工，有轧花工、弹花工、织布工、漂布工、印花工、拈金线工、绣花工等，还出现了专门的染工和染坊。

2-6-1　轧花工　《授衣广训》

2-6-2　木棉纺车　《农书》

2-6-3 轧花 《图画日报》

2-6-4 弹花工 《授衣广训》

2-6-5 绕纱 《农书》

中国的纺织有明显的区域性特点，如西北和西南的毛纺业发达，织做地毯使用立机；北方则流行棉纺；南方丝纺业比较发达。棉纺的蜡染原来在全国都比较盛行，但现在只有西南地区保留较多。

2-6-6 织布 《图画日报》

2-6-7 漂布司 《图画日报》

2-6-8 染布 《授衣广训》

2-6-9 绣花女 《中国古典文学版画选集》

在纺织业中，也有自己的行业神，如棉纺业供奉黄道婆，丝纺业供奉蚕母娘娘，染坊业供奉染布缸神、梅葛二圣染布缸神。

2-6-10 印花司 《图画日报》

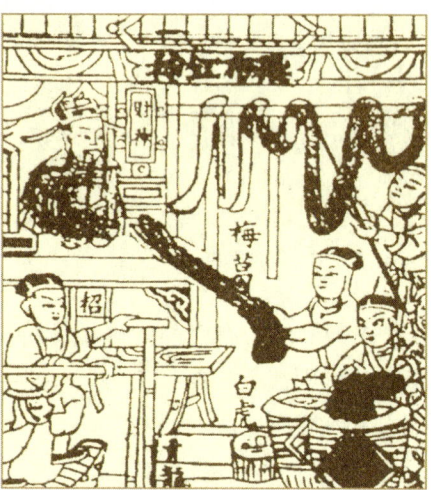

2-6-11 梅葛二圣染布缸神 汉族纸马

2-6-12 染布缸神 汉族纸马

蚕 丝 业

Silkwork

在浙江地区的良渚文化中就已经有丝织品出土，华北仰韶文化也出现过蚕的遗迹，这些都说明从原始社会晚期，中国就已经开始养蚕，并且有了丝织绸缎。但是这项手工业主要流行于长江流域，后来才传到西北、西南和黄河流域。

2-7-1 选蚕茧　康熙　《耕织图》

养蚕的目的是提供丝、蚕蛹和蚕粪，其中蚕蛹要加工成丝线，必须经过煮、脱胶、抽丝、漂洗等过程，然后才能上机，织成丝绸。这一生产过程在历代《耕织图》画册中都有详细而生动的描述，并为民间所传承。但乾隆以前的《耕织图》介绍的都是南方的稻作和丝纺，乾隆以后才重视北方的棉纺，并出现了《棉花图》。

2-7-2 缫丝　康熙　《耕织图》

043

2-7-3 漂洗 《授衣广训》

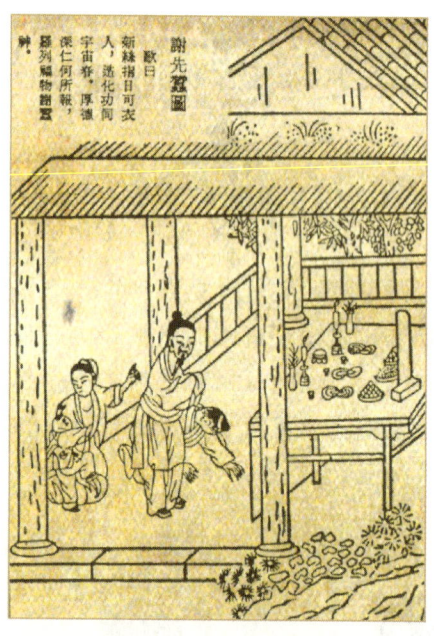

2-7-4 谢先蚕图 《便民图纂》

2-7-5 打丝线 《图画日报》

2-7-6 卖丝 《太平欢乐图》

2-7-7　蚕母娘娘　民间纸马

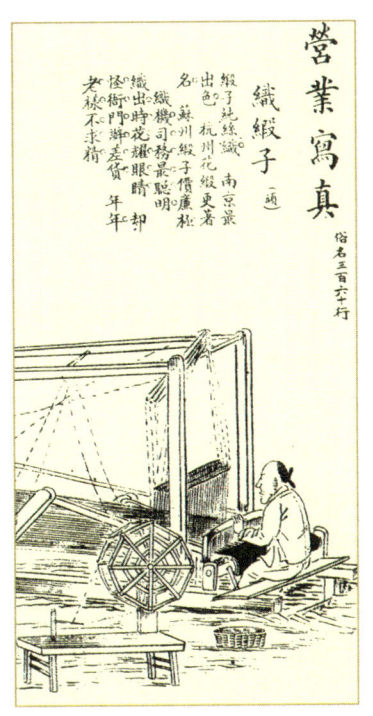

2-7-8　织缎子　《图画日报》

　　蚕丝手工业的祖师是蚕母娘娘。蚕农，尤其是妇女要举行谢先蚕活动。还有机神，钱泳在《履园丛话》中称："机杼之盛，莫过于苏杭，皆有机神庙。"机神为泛指，包括张衡、黄帝、织女、黄道婆、接头方仙、嫘祖、伯余等。

2-7-9　浣纱　《吴友如画宝》

矿 冶 业

  这里的矿冶业指采矿和冶炼手工业。最早对矿石的开采，应该追溯到史前的石材崛起时期，后来才发展了采集玉石、挖煤和开采铜矿等行业。

  为了炼冶金属，很早就采掘煤了，出现了采煤工和煤行。这项采掘比较艰苦和危险，必须挖井作业，背煤也十分辛苦。由于危险性大，该行业信仰较多，多供奉窑神爷、窑王爷，此外也供奉老君、罗宣，后者即《封神演义》中的火神。每年冬至为窑神祭日。

2-8-1 采玉石 《天工开物》

2-8-2 铁匠 《天工开物》

2-8-3 炼铜 《天工开物》

2-8-4 铁匠炉 《白云山市图》

冶铸业有炼铜和冶铁，后来又分出铸钟、铸剑等专门行业。冶铸业始祖神多为老君、罗煊，也供奉投炉神。清代甘熙《白下琐言》卷四："倒钟厂钟卧于地，半陷土中，相传铸时屡不成，督工者将获谴，有幼女伤父不免，投身火中以殉，遂为钟神。"这种传说就是投炉神的由来。

2-8-5 挖煤 《图画日报》

2-8-6 煤井 《图画日报》

2-8-7 翻砂作 《天工开物》

2-8-8 做铜锁 《图画日报》

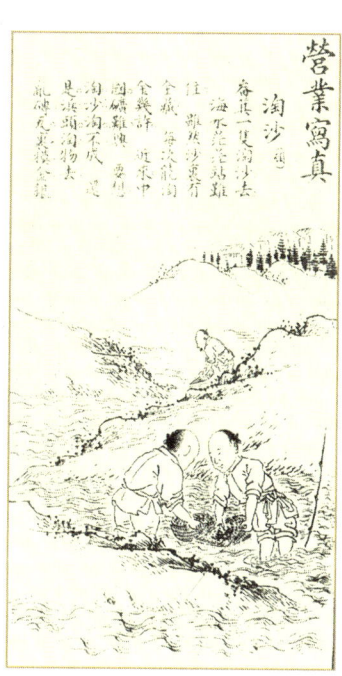

2-8-9 淘沙 《图画日报》

2-8-10 打洋皮金 《图画日报》

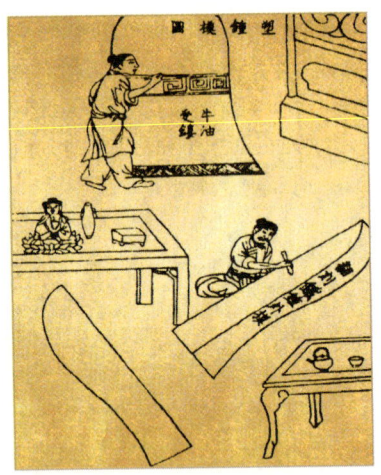

2-8-11 铸钟 《天工开物》

2-8-12 铸船锚 《天工开物》

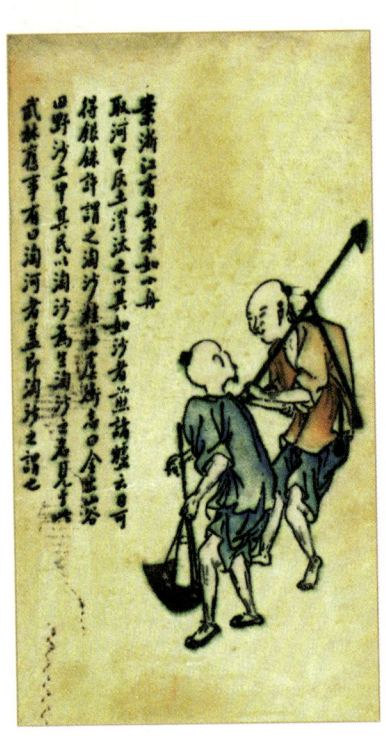

2-8-13 淘金沙 《太平欢乐图》

2-8-14 包金法兰 《图画日报》

除了大件铸造业外，还有一种小炉匠，包括金匠、银匠、铜匠、铁匠、锡匠，其中有打铁的、打铜箍的、做铜锁的、打金箔的、打洋皮金的、镀金的，每种小行业都有自己的行业神。

磨坊业

粮食加工早已有之，史前时代是用研磨盘和研磨棒，后来发明了石臼杵，进而又发明了碓，操作碓需要分三个阶段：手碓、脚碓、水碓。远在脚碓之前，磨制加工基本是由妇女承担的，天天磨米已成为基本生活的需要，故有"不吃隔夜粮"之说，由此可知妇女之辛苦。专门的磨房出现以后，由于使用了水碓、石磨、石碾，男子才成为磨房的主要劳动力。

粮仓行业的买卖、储存、加工也有自己的行业神，主要是神农氏、后稷、雷祖和蒋相公。长沙地区供奉雷祖，在三月十五日祭祀祖师，并建有雷祖庙。

2-9-1　舂米人　《天工开物》

2-9-2　脚碓　四川彭山汉墓画像石

2-9-3　手碓舂米　石寨山汉墓出土

2-9-4　手碓石舂米　石寨山汉墓出土

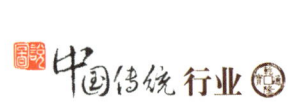

2-9-5 手碓 康熙《耕织图》

2-9-6 牵磨 《图画日报》

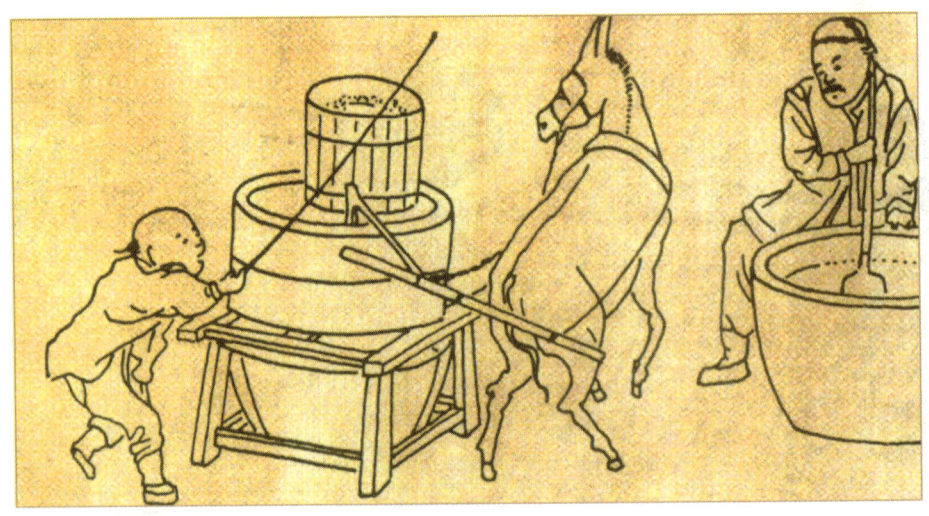

2-9-7 石碓扇车 河南济源县泗涧沟汉墓出土

印刷业

在没有印刷业以前,主要是利用笔、墨书写,如帛书、竹简等。中国笔业供奉蒙恬为笔业祖师,制墨业供奉吕洞宾为祖师,纸业则供奉蔡伦。后来发明了刻板印刷,有印书、印画、排字、装订等工种,还出现了装裱工人。不过所有印刷、装裱都与文字打交道,人们也供奉仓颉为印刷业的保护神。

2-10-1 仓颉 《中国迷信研究》

2-10-2 制墨 《墨谱》

2-10-3 排字 《图画日报》

2-10-4 印书 《图画日报》

2-10-5　印画　民间烟画

2-10-6　钉书坊　《中国老360行》

2-10-7　装裱　民间烟画

第三章·金融百货行

金融百货行业主要指百货，为了行文方便，也把金融、典当和彩票列入其中。

钱 庄 业

钱庄业又称银钱业，包括钱庄、钱店、票号、彩票等行业。

中国最早的钱庄是山西商人所开，上海的钱庄则由绍兴行开设。在《北京商铺》大型画册中，就有钱庄、金银铺等门面，清代北京东四牌楼有恒兴、恒和、恒利、恒源四大钱庄，民国以后在西郊民巷又兴起了各种银行业。他们主要经营存款、放款、汇总等业务，也包括货币兑换的钱店。店内有店主、帐房先生。他们的行业神有招财童子、财神、关公、善财童子等。

3-1-1　善财童子　《中国民间神像》

3-1-2　财神赵公元帅　《中国迷信研究》

3-1-3　卖算盘　《成都通览》

3-1-4 钱庄 《北京商铺》

3-1-5 招财童子 山东潍坊年画

Cold-Style Chinese Private Bank

035

典当业

典当业又称当业、当铺业，是专门收取抵押品、放高利贷的行业。这种行业在旧上海尤为发达，分典当、质当和小押当三种，前者较大，有正式营业执照，后者是小典当行业。每家当铺有两部分房屋，前边为柜房，相当于业务室，主要用于接待来客、划价支银，此房间必供奉财神，有赵公明、关公、增福财神等。后边为号房，是存放抵押品的仓库，仓库必须防火、防盗、防鼠。除供奉火神外，还要供奉耗神，即耗子神，这里不能捕鼠，也不能养猫。每月初二、十六日由学徒们烧香、叩头，如此这般，当铺就成了老鼠的乐园。

3-2-1　财神　《云南纸马》

3-2-2 当铺 《盛世滋生图》

3-2-3 火神 汉族纸马　　3-2-4 典质衣衫 《图画日报》

3-2-5 小押当 《中国老360行》　　3-2-6 当铺朝奉 民间烟画

博 彩 业

从清末开始,社会上就出现了一种抓彩赌博的行业,大城市设赌局、赌场,小城市多有赌博行业。在天津杨柳青年画中就有一种博彩年画,谁中了彩谁就抓到了钱,但是命中率极低,当时上海出版的《三百六十行》一书中也有一种"卖发财票妇女"的内容,由此可知博彩已经很普遍了。该行业也供奉行业神,多为招财童子、善财童子等。

3-3-1 彩局抽彩 天津杨柳青年画

3-3-2 卖发财票妇女 《图画日报》　　3-3-3 招财童子 《中国神像剪纸》　　3-3-4 女经纪人 《吴友如画宝》

布 匹 业

布匹业指销售各种棉、麻、丝、绸的行业。其中有两种形式：一种为坐商，以开布店、丝绸店为经营形式，每天招揽顾客前来选购各种布匹、绸缎。清代末期又出现了洋布店，北京的瑞蚨祥是山东章邱孟子的后裔开设的，此店实力雄厚，在许多地方都有分店，号称"八祥"，北京的瑞蚨祥为"八祥"之首；另一种是行商，又称布客，他们背着少许布匹，走街串巷，或者深入村镇，出售各种布料。不言而喻，前者成本高，主要是富商所为，后者为小本生意，经营者有男子，也有妇女。

3-4-1　卖布　康熙　《耕织图》

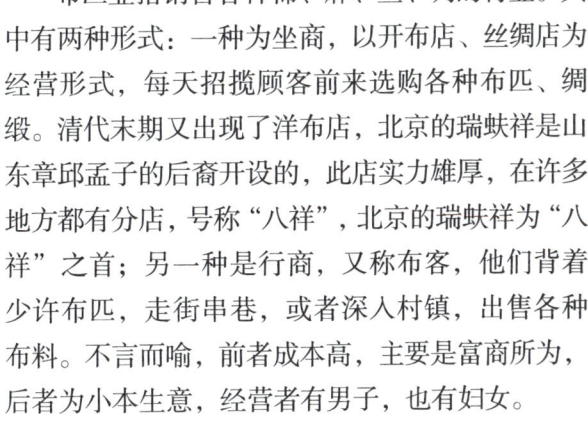

3-4-2　绸布庄　民间烟画

3-4-3　绸缎庄　《中国古代文学版画选集》

3-4-4　丝绸店　清明上河图

衣 帽 业

3-5-1 成衣店幌子 《招幌辞典》

3-5-2 一品帽铺 《招幌辞典》

衣帽行业以经营成衣、鞋帽为主。一般来说，鞋帽是分开的，个别也有合并在一起经营的，但是以坐商居多，如北京马聚源帽店、盛锡福帽店、同升和鞋店、内联升鞋店都是京城的老字号，此外也有卖草鞋、芦花靴等游走小贩。鞋、帽、成衣店都有固定的招幌。

以北京来说，帽店除出售各种帽子外，清代也卖尖顶帽盒，各个帽店有一个行会，称北平帽业工会，设有会长，定有行规，举行集会，还定期祭祀行业神伏羲、神农和黄帝，认为他们发明了帽子，使得人类"冠服开天"。

鞋业是销售各种鞋、靴的商店。也有行会、行规，每年正月二十八要祭祀行业神孙膑，北京地区就曾有两座孙膑庙，一处在财神庙，一处在精忠庙。李家瑞《北平风俗类征·岁时》引《燕台新月令·三月》："是月也，栾枝红，丁香白，坑火迁于炉，芦芽入馔，蒲根肥，黄瓜重于珍，榆钱为糕，蟠桃会，靴师报祖。"

此外，各城镇也有成衣店、皮货店，它们也是重要的行业，但一般成衣店较少，多为零售商。

3-5-3 裁缝店 民间烟画

3-5-4 卖帽子 民间烟画

3-5-5 裁缝店 《白云山市图》

3-5-6 做皮鞋 《图画日报》

3-5-7 卖线袜 《图画日报》

3-5-8 卖芦花靴 《图画日报》

3-5-9 卖汗巾 《皇都积胜图》

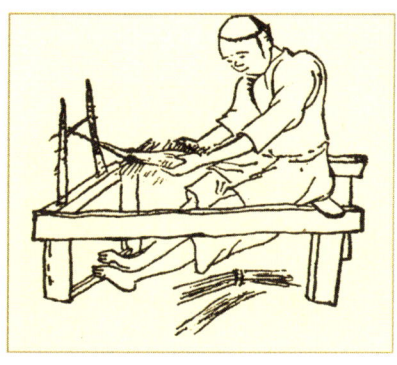
3-5-10 打草鞋 《成都通览》

3-5-11 孙膑 《中国迷信研究》

金属器皿业

　　金属器皿业是一个大行业,其中又有许多小商行。主要是销售各种金属器皿,如剪刀、铜铲、铁锁、水烟袋、马镫等。这些行业也有自己的行业神,多半供奉利市仙官。

3-6-1　卖菜刀　右玉宝宁寺水陆画　　3-6-2　铁锁担子　《成都通览》

3-6-3　卖鎏金铜人　《皇都积胜图》

3-6-5　卖水烟袋　民间烟画

3-6-4　王麻子刀剪铺　《北京商铺》

3-6-6　利市仙官　《中国神像剪纸》

陶瓷品业

陶瓷品业不是生产陶瓷,而是在城乡出售各种陶瓷生活用品,有卖砂锅的、卖瓦盆的、卖花盆的,也有卖瓷器的、换瓷器的,在城镇内还有开瓷器店、陶器店的。除开店者以外,一般都是做小本生意的小商贩。

3-7-1 砂锅挑子 《招幌辞典》

3-7-2 卖盆 《招幌辞典》

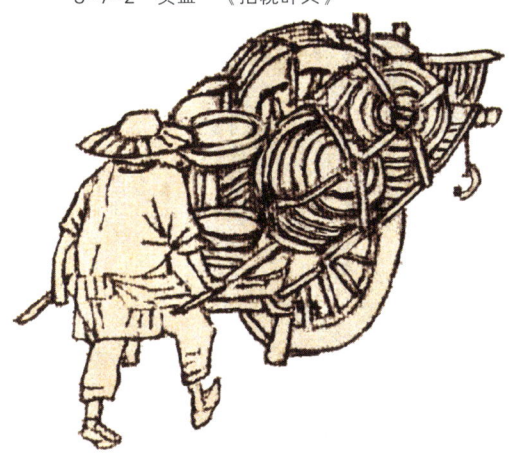

3-7-3 买瓦盆 清明上河图

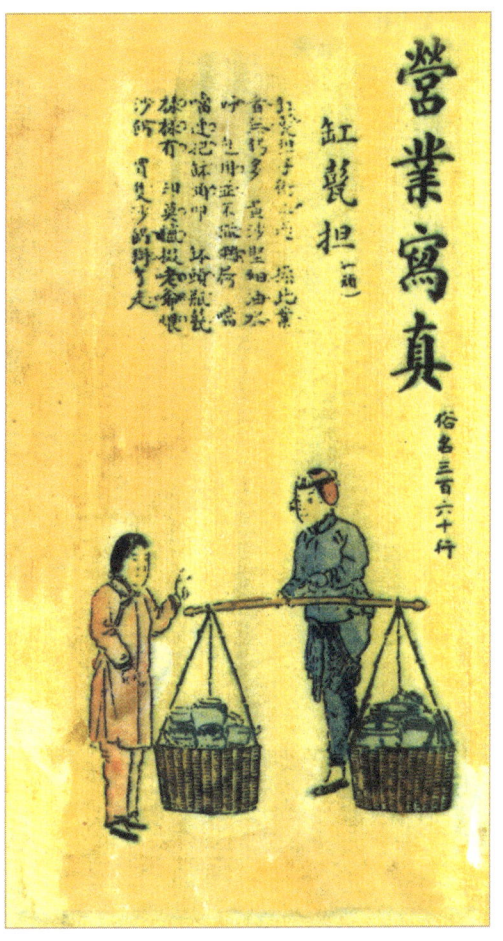

3-7-4 缸甏担 《图画日报》

编织品业

编织品业也是一个重要的行业，行业内部又有不少分工。这些从业人员多半是郊区农民，本身就精通某种编织技术，农忙务农，农闲编织，并在年末年初进入城镇销售。有卖扫帚的、卖竹筷子的、卖竹摇篮的，夏天则重点卖扇子、凉席和雨伞等。

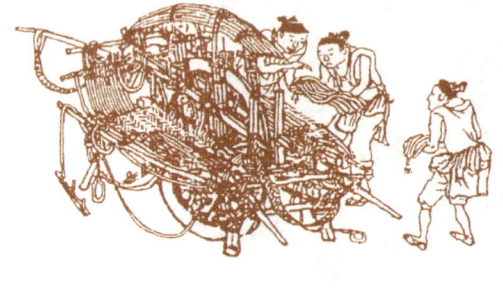

3-8-1 卖草编暖盆 民间烟画

3-8-2 卖扇 《皇都积胜图》

3-8-3 做雨伞 《图画日报》

3-8-4 芦席店 《盛世滋生图》

杂 品 业

除了上述各种小买卖行业外，还有一些杂品销售，如卖炊具、鸡毛掸子、灯、灯支碗和灯草的，也有卖洋皂、檀香、饰物、眼镜的，还有卖珍贵的珠宝、翡翠的，也有往城里挑砖瓦黄土卖的。

3-9-1 卖饰物 《皇都积胜图》

3-9-2 卖眼镜 《图画日报》　　3-9-3 卖搔背扒（耙）《图画日报》

3-9-4 卖玩具 李嵩《货郎图》

3-9-5 卖线锤 《授衣广训》

3-9-6 卖字画 《皇都积胜图》

3-9-7 卖砖瓦 清明上河图

3-9-8 卖翡翠 《图画日报》　　3-9-9 卖黄泥 《图画日报》　　3-9-10 卖饰物 《皇都积胜图》

花 线 业

在旧社会，姑娘稍大就要学女红绣花，绣织各种嫁妆品，因此不仅需要大量的布匹、丝绸，还需要大量的花线，所以市场上也出现了卖花线的行业，其中又有不同分工。有卖丝线的、卖绣花线的、卖针线的、卖绒花的，也有绒花店、串娘女。这些行业虽然不同，但是他们都有自己共同的祖师爷刘海，又称刘蟾子，并对其进行膜拜。

3-10-1　卖线女　康熙《耕织图》

3-10-2　刘海　《中国民间神像》

3-10-3　卖绣线　民间烟画

3-10-4　扎珠花　《图画日报》

3-10-5　卖绣花线　《白云山市图》

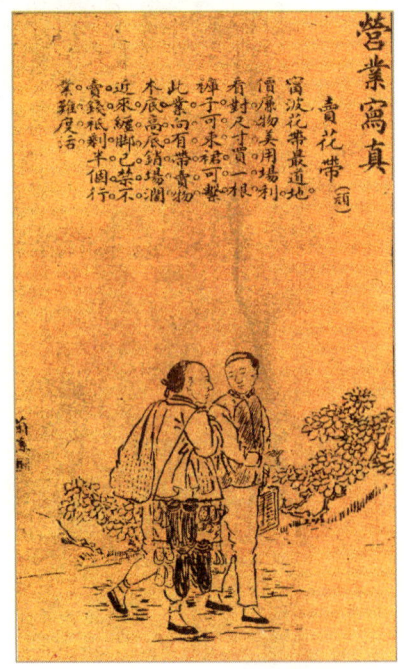

3-10-6　卖花带　《图画日报》

3-10-7　卖珠花　《吴友如画宝》

第四章·食品供应行

　　本章所叙述的,主要指提供各种食品的行业,包括主食、肉类、鸡鸭、鱼虾、蔬菜、野味、酒茶和调料。其共同点基本上是生冷的未加工过的食品,而小吃等熟食品除外。因此,这些食品是为饮食提供原料的,其中有不少需要进一步加工才能食用。

主食业

中国民族中的绝大多数为农业民族，因此主食都仰仗于农业生产所提供的粮食，在农业民族地区，主食供应有一定差别：南方主食以大米为主，北方主食以小米、小麦为主。

远在一万年以前，南方已开始种植水稻，是水稻栽培的发源地，故有"鱼米之乡"的美称。从据今七千年以前的河姆渡文化得知，当时已经有糯稻、粳稻之分，并一直延用至今。

大米供应有两种方式：一种是坐商，即由商人开设粮店、米行等；另一种是由个体商贩挑担出售。与此同时，大米也可加工成米线、米糕等供应于市。北方原来以小

4-1-1 东厨司命 《中国神像剪纸》

4-1-2 切面 《图画日报》

米为主食，后来小麦成为大宗，由粮栈和个体商贩销售。

明代以后，北方又大量种植玉米、白薯，这也是当地的重要主食。在西南藏族地区则以青稞、燕麦为主食，糌粑也是重要的食品。

粮食行业包括储存、运输、买卖、加工，他们供奉不少行业神，如神农、后稷、雷祖、蒋相公等，加工业则供奉东厨司命。

4-1-3　打年糕　民间烟画

4-1-4　米行　《盛世滋生图》

4-1-5　切薯干　民间烟画

4-1-6　踏面筋　《图画日报》

肉食业

4-2-1　椎牛　嘉峪关北魏画像石

4-2-2　杀猪　嘉峪关北魏画像石

肉食业指的是屠宰业和肉铺业两大类。中国虽以农业立国，但家畜饲养业也是农业经济的有机组成部分。

在农业地区以猪肉为主要肉食，杀猪是很普遍的一种技术，不必由专人承担，但在城镇已经有了屠宰铺，专门负责宰杀和卖猪肉。猪肉店又分别卖大小排骨、猪蹄膀、猪脚爪、猪头肉、火腿、肉松、丁蹄、烤肉、酱肉等。牛羊肉在农业地区也有一定市场，主要是牧区、半牧区的基本肉食来源。

从考古资料看，古代宰牛多采用椎牛法，即先用木棒将牛击昏，然后才动刀，这可能起源于狩猎时代的宰杀方法，至今为我国西南某些民族所使用。

不过，北方宰牛多在屠宰房。杀鸡宰鸭一般为家庭厨事活动内容，没有专门的屠户。

从行业神信仰看，宋代的屠宰行以樊哙为祖师爷。相传樊哙是杀狗出身，后来成为刘邦的战将。清代屠宰行祖师增加，多信奉张飞为祖师，大概因为张飞是屠户出身。有些地方以关羽、真武大帝为祖师。北京肉铺多以三圣财神为行业神，包括关羽、玄天上帝和火神。每年三月十六祭祀，民间的"三圣老舍"相当活跃，主要是祭祀这些行业神的。

4-2-3　厨师切肉　平定东四村元墓壁画

Meat

4-2-4　烫鸡　嘉峪关北魏画像石

4-2-5　杀猪　《图画日报》

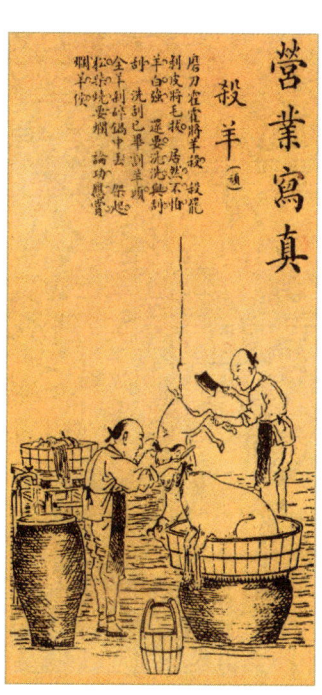

4-2-6　杀羊　《图画日报》

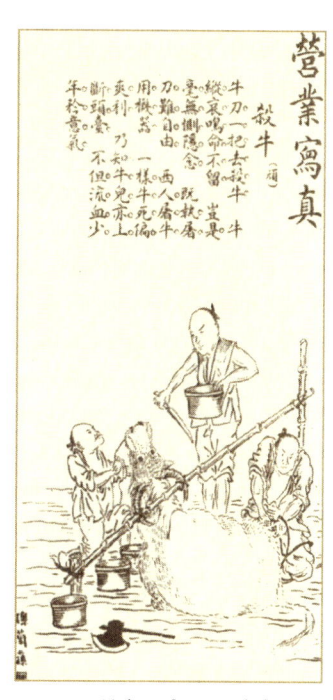

4-2-7　杀牛　《图画日报》

4-2-8 卖猪血 《成都通览》

4-2-9 肉铺 清明上河图

4-2-10 卖肉 民间烟画

4-2-11 做腊肠 《图画日报》

4-2-12 卖马乳 《图画日报》

4-2-13 羊肉摊 《图画日报》

4-2-14 卖牛乳 《图画日报》

鸡鸭业

4-3-1 卖鸡 《太平欢乐图》

4-3-2 蛋贩子 《太平欢乐图》

鸡鸭既能提供肉食，又可提供蛋类。吃鸡在过去是很普遍的，但吃鸭多流行于南方稻作地区，因此卖鸭售鹅在当地是相当流行的行业。卖鸭蛋在南方也很盛行。

其实卖鸭行有许多品牌，除北京烤鸭外，还有南京的咸水鸭、常德的卤鸭、上海的宝鸭、无锡的母油船鸭。清末武汉地区的"鸭蛋老行"十分有名，为此还专门成立了混元公所，相当于卖鸭蛋行的行会组织，每年三月十日谢神做会，他们的保护神为太乙真人。

4-3-3 卖鸡 《图画日报》

4-3-4 卖鸭 《图画日报》

4-3-5 卖蛋 《图画日报》

鱼 虾 业

鱼虾业是提供水产品的行业，在山西广胜寺元代壁画上已经有鱼贩子的形象，后来卖鱼者也屡见不鲜。但鱼贩子是根据不同季节卖不同的水产品。有卖草鱼、甲鱼的，有卖虾类的，也有卖螃蟹的。

一般在农历四月八日佛祖诞辰前大肆卖活鲤，这是为放生提供条件，同时也有进行加工的。不过，鱼行在江南地区比较发达，在沿海地区也很发达，当地称鱼货业。天津地区鱼虾较多，海货行的生意非常兴隆。他们供奉的行业神为邋遢张，关于此神流传有不少神话。

4-4-1 卖甲鱼 民间烟画

4-4-2 水产加工 民间烟画

4-4-3 卖鱼人 《盛世滋生图》

4-4-4 卖鱼婆 《图画日报》

4-4-5　卖蟹　《图画日报》　　4-4-6　卖虾　《图画日报》　　4-4-7　卖田螺　《太平欢乐图》

4-4-8　贩鱼　山西广胜寺元代壁画　　4-4-9　斫鱼　河南偃师宋墓壁画

蔬 菜 业

4-5-1　卖笋　民间烟画

4-5-2　卖小菜　民间烟画

蔬菜业也是重要的食品供应行业，包括种菜、卖菜、菜加工等行业。从城镇生活看，卖菜也有一定的分工，分别出售白菜、青菜、笋、藕、茄子、黄瓜、冬菜、雪里蕻、葱、姜、蒜、慈葫等，还有豆类食品加工的，如豆腐、豆芽菜、豆花等。

这些卖菜的，或挑担或推两轮车，一般在较固定的街巷叫卖。他们一般都讲究吆喝，如"芹菜、辣青椒咧，黄瓜、扁豆、嫩蒜苗咧！"

4-5-3　卖芽菜　民间烟画

4-5-4　卖菜　《图画日报》

4-5-5　卖水菜　《图画日报》

4-5-6　卖胡葱　《图画日报》

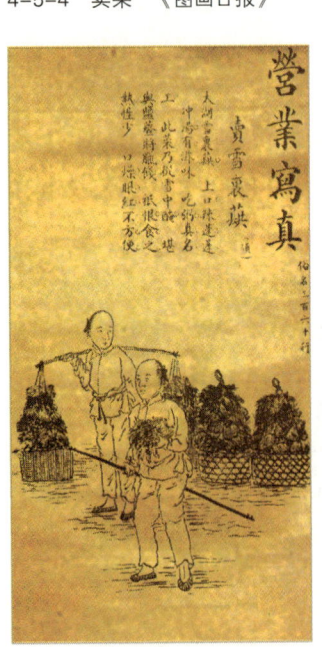
4-5-7　卖雪里蕻　《图画日报》

4-5-8　卖冬菜　《图画日报》

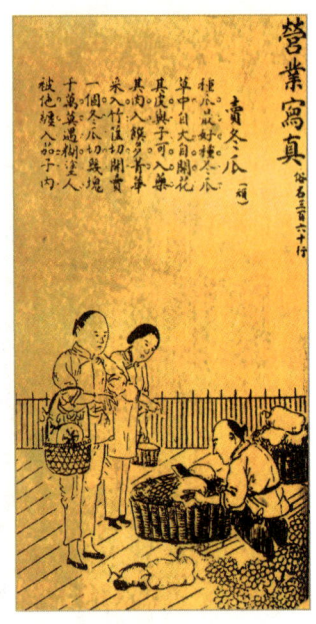
4-5-9　卖冬瓜　《图画日报》

野味业

4-6-1　卖蛇　民间烟画　　　4-6-2　烹野味　内蒙古和林格尔汉代壁画

4-6-3　猎虎　民间烟画

4-6-4　叉田鸡　民间烟画

　　野味业是指猎取的野生禽兽肉类，多由猎户出售，近现代也有倒卖野味的，但对违法盗卖珍稀动物者要绳之以法。在狩猎部分已经介绍了猎取方法和产品。城乡卖的野味有飞龙、野鸡、野鸭、蛇、田鸡、虎肉、熊掌等。这些食品有些是提供给饭店、酒楼的，少量是给居民食用的，也有做为药引子使用的。

酒 茶 业

酒是较早的发明物之一。《博物志》称："杜康作酒。"中国所谓的酒，起初是水酒、甜酒，不经过蒸馏提炼，酒水和酒糟可以分开食用，也可以一起食用。

宋代以后才有蒸馏酒或白酒。上述变化也引起酒器和饮酒习惯的变化。卖酒有两种形式：一种是坐商开办的酒馆、酒楼，另一种是挑担售卖的酒挑子。酒行有自己的行业神，主要供奉杜康、李白、仪狄、酒仙童子、二郎神、司马相如、龙王等。

中国是茶的重要起源地，饮茶也是中国人的良好饮食特点。卖茶也有两种：一种是固定茶楼、茶坊、茶铺、茶馆；另一种是零售的大碗茶。

4-7-1 煮酒 河南偃师宋墓壁画

4-7-2 卖茶叶 康熙《耕织图》

4-7-3 杜康仙神 《中国民间神像》

茶行业以陆羽为行业神。此人为唐代名士,著有《茶经》。也有供奉卢仝为茶神者。茶行每年在谷雨日祭祀茶神。有些茶馆兼开饭馆,此行业供奉灶神,说书茶馆则供奉唐明皇为祖师。酒茶业不仅只满足酒、茶产品的供应,而且还可以将其加工成食品,作为小吃类供给食用者。有关内容在第五章饮食小吃行里有所介绍。

4-7-4　酒楼　清明上河图

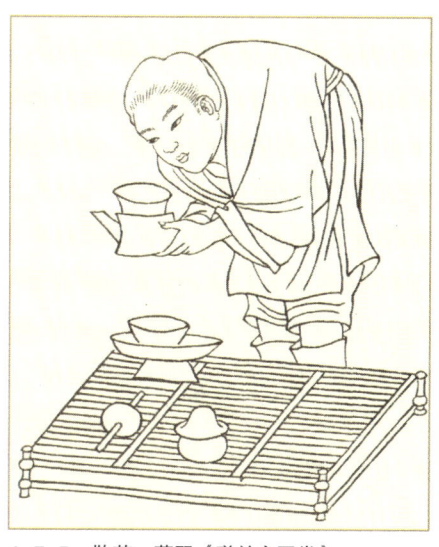

4-7-5　敬茶　萧翼《赚兰亭图卷》

4-7-6　做酒　《图画日报》

4-7-7　做酒　《元代芦沟运筏图》

调 味 业

　　调料供应也是饮食业中的重要行业,其中又分若干小行业。俗话说"开门七件事,柴、米、油、盐、酱、醋、茶",由此可以看出调料业的重要性。

　　食用油有动物油和植物油之分,前者多掺杂在猪肉、牛肉行业中,植物油则有专门出售者,如油坊是榨油和售油的商店,卖油郎、卖香油和麻油的则是零散售油者。酱油是重要的调料品,售油者有小梆、大梆等响器,梆子一响就说明卖油的来了。与此有关的是酱菜,北京的"六必居"就是一个老字号。酱菜业供奉颜真卿、酱祖、关帝为祖师和保护神。

4-8-1　卖零油　《成都通览》

4-8-2　卖油　《太平欢乐图》

4-8-3　磨麻油　《图画日报》

醋在北方较流行，尤其是以山西、陕西为最。民间流传说："杜康造酒，儿造醋。"杜康的儿子叫帝予，为醋行的保护神。

盐有海盐、井盐之分，除盐店外，也有卖盐郎、卖盐婆等零售者。

大梆　　　小梆

4-8-4　卖酱油响具梆子　《招幌辞典》

4-8-5　醋担子　《成都通览》

4-8-6　收猪油　《图画日报》

4-8-7　油坊　《北京商铺》

4-8-8 卖盐婆 《图画日报》

4-8-9 卖盐 《太平欢乐图》

4-8-10 制作海盐 《重修政和症类备用本草》

第五章·饮食小吃行

本章介绍的是饮食小吃，属于饮食行业，但它不是食品供应，而是各种饮食销售，包括面食、糕点、豆制品、烤炸、酒茶、肉蛋、冷食等。

面 食 业

5-1-1　卖吊炉烧饼　《清末民间风俗画》

5-1-2　烙煎饼　《清末民间风俗画》

5-1-3　做面食　新疆唐墓出土

5-1-4　包子馆　清明上河图

所谓面食，实际指的是主食，由于面食品便于加工、销售，所以用"面食"代之，其实也包括米食，如糖粥、面粥等就与米食有密切关系。

面食种类很多，遍及全国。主要有包子、煎饼、烧饼、饺子、馄饨、饽饽、塌饼、面条、凉面、糕点等。北方称实心者为馒头，有馅者为包子；但上海人称包子为馒头，有"肉馒头""菜馒头"等。出售这些面食的，有些是比较讲究的饭馆、饭店，有些是小本经营的小店，还有些是小商贩，挑着担子在街上叫卖。其中多为全天候供应，大多数早点仅在早晨供应。

5-1-5 卖凉面 民间烟画

5-1-6 卖馄饨 民间烟画

5-1-7 卖馄饨 《白云山市图》

5-1-8 卖饺子 康熙《耕织图》

5-1-9 卖饽饽 民间烟画

5-1-10　打锅盔　《成都通览》

5-1-11　卖面粥　民间烟画

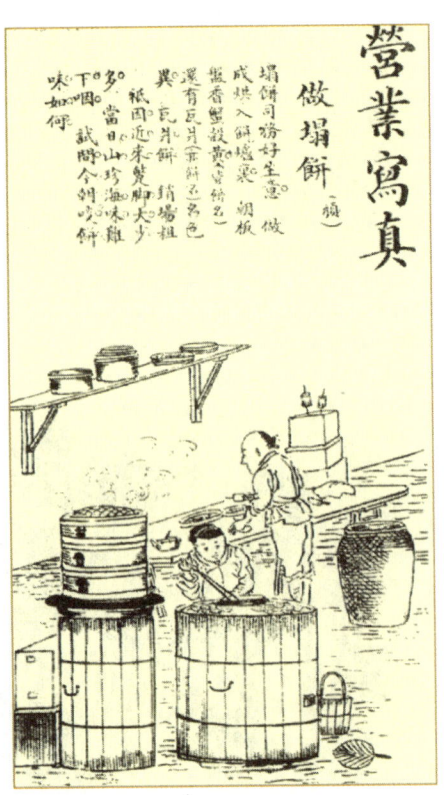

5-1-12　做塌饼　《图画日报》

5-1-13　卖糖粥　《图画日报》

糕 点 业

糕点是一种饮食，属于点心或小吃行业，其中也有细小分工，包括蒸糕、糖糕、碗糕、米糕、黄米糕、芸豆糕、油打糕，上海有松糕、松饼等。在某些年节里供应专门的糕点，如东北糕点、宁波年糕、北京豌豆黄、重阳糕、年元宝、元宵、粽子、月饼等。

在人生礼仪中，也有专门的糕点，如结婚吃喜饭糕、子孙饽饽；为老人办寿时做寿桃、寿糕等。糕点行业的祖师也不少，有雷祖、关公、赵公明、火神、马神、燧人氏、神农氏、灶神等。

5-2-1　卖米糕　民间烟画

5-2-2　蒸糕　《图画日报》

5-2-3　卖小甑糕　《图画日报》

5-2-4　卖糖糕　《图画日报》

091

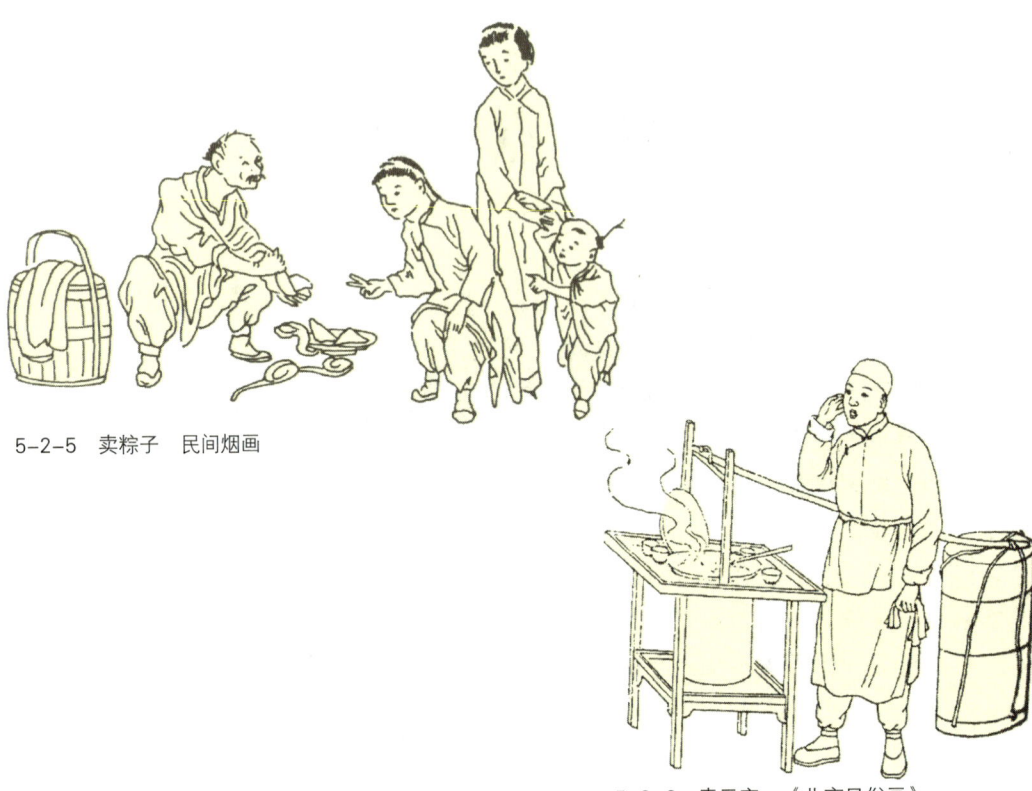

5-2-5 卖粽子 民间烟画

5-2-6 卖元宵 《北京风俗画》

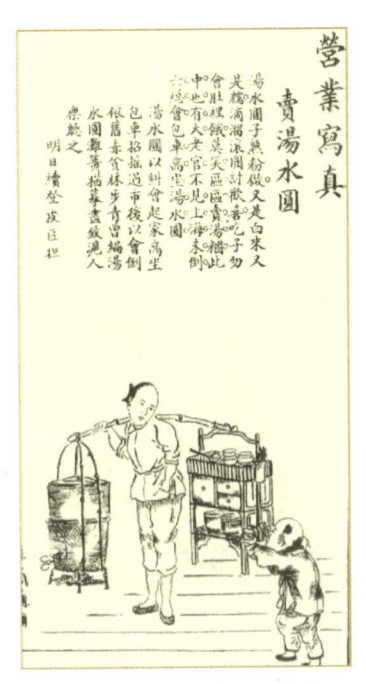

5-2-7 卖汤水圆 《图画日报》

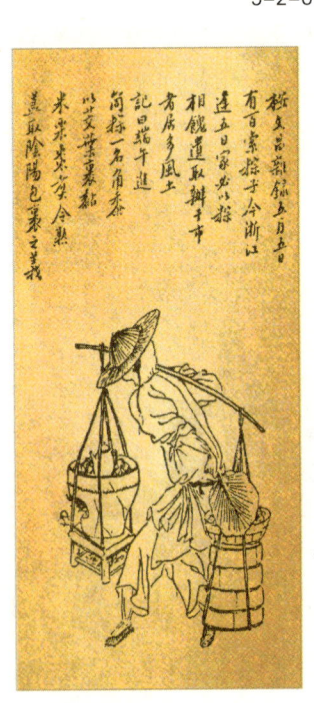

5-2-8 卖粽子 《太平欢乐图》

5-2-9 做宁波年糕 《图画日报》

5-2-10 卖重阳糕 《清末上海风俗画》

5-2-11 卖碗糕 《成都通览》

5-2-12 卖糊糟 《成都通览》

5-2-13 卖黄米糕 民间烟画

5-2-14 卖金糕花粘 民间烟画

豆 腐 业

豆制品是指用黄豆制作的食品，相传汉代淮南王发明了豆腐。李时珍《本草纲目·豆腐》称："豆腐之法，始于前汉淮南王刘安。"有些地方信奉乐毅、范旦老祖、孙膑、庞涓为豆腐业祖师。

在市面上出售的豆制品较多，有老豆腐、豆花、豆腐干、五香豆腐干、油氽臭豆腐干、油豆腐细粉汤、水豆腐、豆腐脑、千斤豆腐、豆饼、豆皮、豆浆、腐乳等。北京的豆汁是很独特的，它是用绿豆制作粉丝后剩下的渣滓，经过沉淀后的稀汁加热而成的。卖者挑着担子，一头为煮豆汁的炉子，一头为木盘。卖者都高声叫卖："豆汁开锅真多给，咸菜白吃不要钱。"

5-3-1　卖盐豌豆　《太平欢乐图》

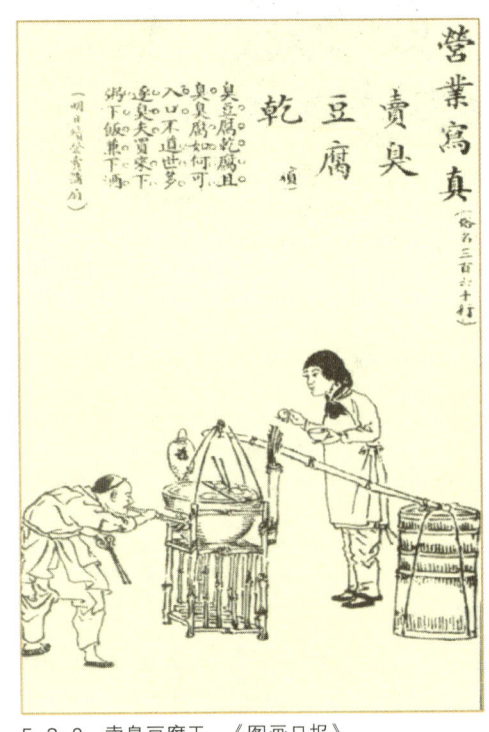

5-3-2　卖臭豆腐干　《图画日报》

5-3-3　卖炸豆腐干　民间烟画

5-3-4　卖豆制品　民间烟画

5-3-5 卖腐乳 《图画日报》

5-3-6 磨豆腐 《图画日报》

5-3-7 卖豆腐脑 《白云山市图》

烧 烤 业

烧烤行业实为小吃的一类，包含内容比较多，有卖烘山芋、烧芋头、烤白薯、炸油条、炸麻花、炸春卷、炸烩、油炸糕的等，还有卖烤玉米或煮玉米的。上海的卖烧鹅也是有名的小吃。以上行业小商贩居多，挑着担子走街串巷，到处叫卖。

5-4-1 炸麻花 民间烟画

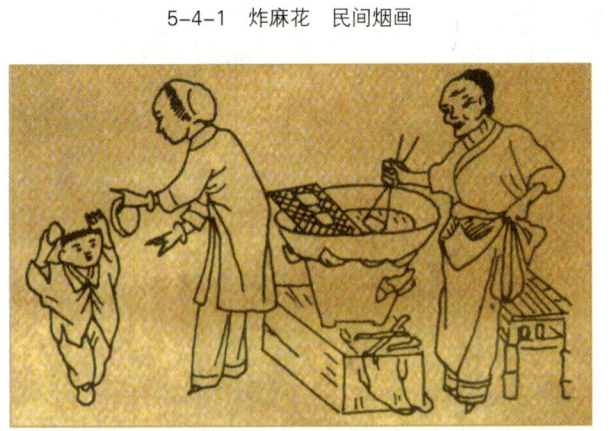

5-4-2 卖油炸糕 民间烟画

5-4-3 烤山芋 民间烟画

5-4-4　卖炸春卷　《图画日报》

5-4-5　卖珍珠米　《图画日报》

5-4-6　烘山芋　《图画日报》

5-4-7　烤白薯　民间烟画

茶 汤 业

5-5-1 卖杏仁茶 《北京风俗画》

茶汤业指的不是酒、茶产品的供应，而是把酒、茶加工成食品，作为小吃类供给食用者，即用酒、茶加工成的食品。

酒类除卖酒外，多半卖酒酿，这是南方的特有小吃。

茶类有大碗茶、茶汤、杏仁茶、奶茶等，但各地都开设有茶馆、茶坊，这里不仅是饮茶场所，也是娱乐场所之一，常常还伴有说书、唱戏等文艺活动。

5-5-2 卖大碗茶 《清末民间风俗画》

5-5-3 卖茶汤 《清末民间风俗画》

5-5-4 酒旗 《中国古典文学版画选集》

5-5-5 茶馆 《北京风俗图谱》

5-4-4 卖炸春卷 《图画日报》

5-4-5 卖珍珠米 《图画日报》

5-4-6 烘山芋 《图画日报》

5-4-7 烤白薯 民间烟画

茶汤业

5-5-1 卖杏仁茶 《北京风俗画》

茶汤业指的不是酒、茶产品的供应,而是把酒、茶加工成食品,作为小吃类供给食用者,即用酒、茶加工成的食品。

酒类除卖酒外,多半卖酒酿,这是南方的特有小吃。

茶类有大碗茶、茶汤、杏仁茶、奶茶等,但各地都开设有茶馆、茶坊,这里不仅是饮茶场所,也是娱乐场所之一,常常还伴有说书、唱戏等文艺活动。

5-5-2 卖大碗茶 《清末民间风俗画》

5-5-3 卖茶汤 《清末民间风俗画》

5-5-4 酒旗 《中国古典文学版画选集》

5-5-5 茶馆 《北京风俗图谱》

肉 蛋 业

5-6-1 卖盆盆肉 《成都通览》

这里说的肉食指熟的肉食品。过去认为烤羊肉串是近代由新疆传入的,其实在嘉峪关北魏画像砖上就已经有烤羊肉串的内容了,这是当地军屯生活的写照。同时也有烤羊排、烤肉等加工食品,如北京的烤肉季饭馆就是著名的老字号。

烤猪头肉、烤鸭也是重要的肉类食品,而且是北京特有的传统食品。北京有一种卖炒肝的,实际是烩肥肠。还有卖爆肚的、卖灌肠的,这些都是北京的小吃食品。

蛋类有咸鸭蛋、茶鸡蛋(茶叶蛋)、松花蛋(皮蛋)、鹌鹑蛋等。

5-6-2 卖烤羊排 民间烟画

5-6-3 卖烧鸭 民间烟画

5-6-4 卖咸鸭蛋 《清末民间风俗画》

5-6-5 卖茶叶蛋 《图画日报》

5-6-6 猪头肉摊 《图画日报》

冷食业

Frozen Food

这类食品主要是在夏季食用。其中主要有凉粉、刀削凉粉、雪花酪、冰镇薄荷水、汽水、刨冰等。旧时在上海最先制作冰激凌（冰淇淋），但它仅为少数人食用。还有一种荷兰水，它是用糖、苏打和薄荷调和成的凉水，相当于土汽水，后来才出现了瓶装汽水。在夏季饮食中，还有一种酸梅汤。民间根据《英烈传》中记载，传说朱元璋曾以贩卖酸梅汤为业，并认为它能治疗瘟疫，因此将朱元璋奉为酸梅汤的行业祖师。

5-7-1　卖刀削凉粉　民间烟画

5-7-2 凉粉摊 《招幌辞典》

5-7-3 卖雪花酪 民间烟画

5-7-4 卖汽水 民间烟画

5-7-5 卖冰镇薄荷水 民间烟画

第六章·果品行

果品是人们的生活必需品之一,包括鲜果、干果和糖果三大部分,每部分又分若干小行业,每个小行业中从业人员都比较多。

鲜 果 业

卖鲜果的行业有两大特点：一是季节性强，不同季节产不同的水果，因此不同季节出售不同的水果，如夏天多出售西瓜、香瓜、桃子、樱桃、李子等；秋后多出售梨、葡萄、香蕉、橙子、橘子、柿子；冬天也可出售笋、橄榄、荸荠等。另一个特点是地域性强，如卖甜秫是北方的行业，甜秫即甜高粱秆，而南方则卖甘蔗。苹果也是北方的特产，过去卖苹果的有一种"猜枚卖苹果"的方法，先交钱后猜枚，猜中了得苹果，猜不中白花钱，这项销售活动往往能吸引大批儿童购买。香蕉、橘子、橙子、甘蔗、芦粟、凤梨则是南方所特有的水果，随着交通运输的发展，在北方也多有出售。

6-1-1 卖苹果 《图画日报》

6-1-2 猜枚卖苹果 民间烟画

6-1-3　卖红李　民间烟画

在鲜果买卖行业中，多半为个人零售，现批发现出售，满街叫卖。但也有少数坐商，坐商又分两种：一种是在产地直接出售，招揽顾客，如北方夏秋两季，瓜农们都在瓜地搭起瓜棚售瓜；另一种在城镇开鲜果商店售卖鲜果，满足市民需要。

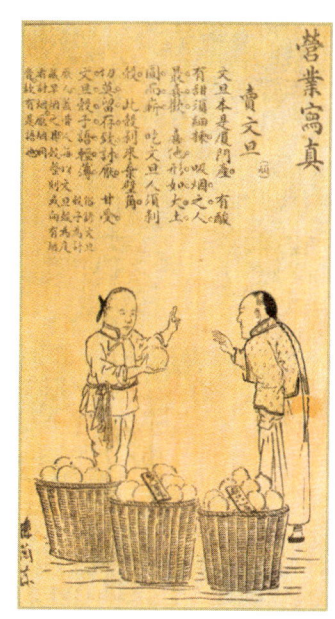

6-1-4　卖文旦　《图画日报》

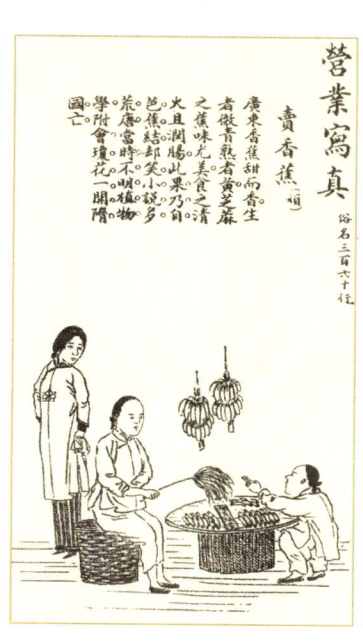

6-1-5　卖香蕉　《图画日报》

6-1-6　卖杨梅　《太平欢乐图》

6-1-7 卖橄榄 民间烟画

6-1-8 卖芦粟 《图画日报》

6-1-9 卖橘子 《吴友如画宝》

6-1-10 西瓜摊 清明上河图

干 果 业

Dried Fruit

干果的出售也有坐商,一般为点心店,内有专门橱柜,但也有专门的干果商店,其中游商小贩也不少,如卖果子干、卖桂圆、卖白果、卖菱角、卖莲蓬、卖槟榔等。

在干果行业中有一种边加工边出售的干果,如北方各地流行的糖炒栗子就是典型的代表,通常是在街边找一个门面,架起炒锅,在锅内放置沙和糖,然后放入栗子,炒热后出售。

6-2-1　卖槟榔　《清末民间风俗画》

北方的炒花生、炒葵花子、炒西瓜子也是使用类似的方法,只是不放糖。南方也卖花生,但称长生果。

过去干果业也有行会,定期祭祀祖师关公,并且还请戏班子唱堂会。

6-2-2　卖果子干　《清末民间风俗画》

6-2-3 卖瓜子 《清末上海风俗画》

6-2-4 卖白果 民间烟画

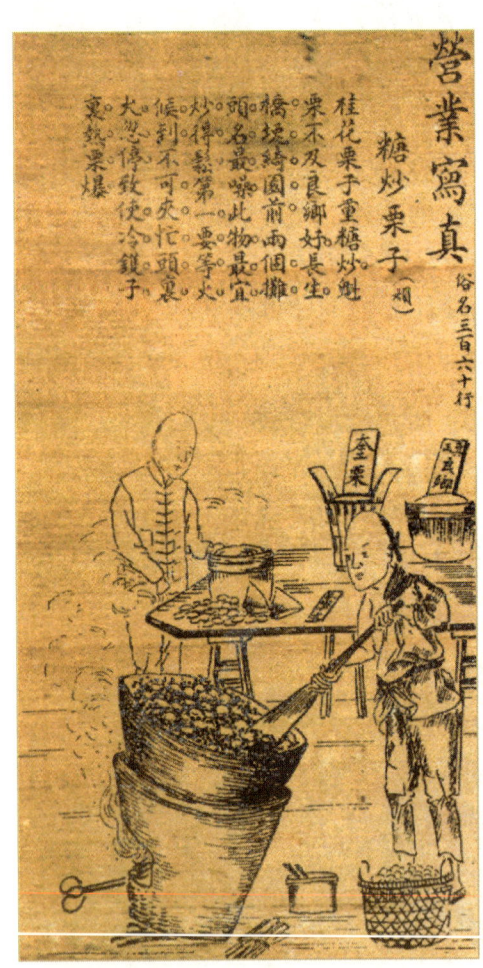

6-2-5 糖炒栗子 《图画日报》

6-2-6 卖莲蓬 《图画日报》

糖 果 业

糖果业多为小贩上街叫卖，又称糖果担，有些人为了招揽生意，还以一定的农副产品换取糖果。农副产品主要包括粮食、鸡蛋等。

6-3-1　卖糖果　《清末民间风俗画》

6-3-2　卖梨膏糖　《白云山市图》

糖果种类较多，有糖块、糖稀、米花糖、五香白米糖、梨膏糖、元宝糖、花生糖、芝麻糖等。其中的梨膏糖是上海有名的小吃。在北方过年祭灶时还专门出售一种关东糖。南方则流行芝麻糖、甘草梅子、糖芋艿等果品。

6-3-3　卖糖豆　民间烟画

冬天则流行糖葫芦，又称糖山楂。还有一种吹糖人，也属于糖果行业类，但它是一种造型艺术，是儿童喜闻乐见的玩具和食品。上海的转糖小贩、北京的抽糖担都是抽彩式售糖。

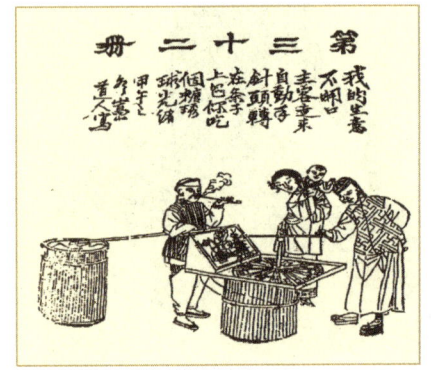
6-3-4　转糖　《三百六十行图》

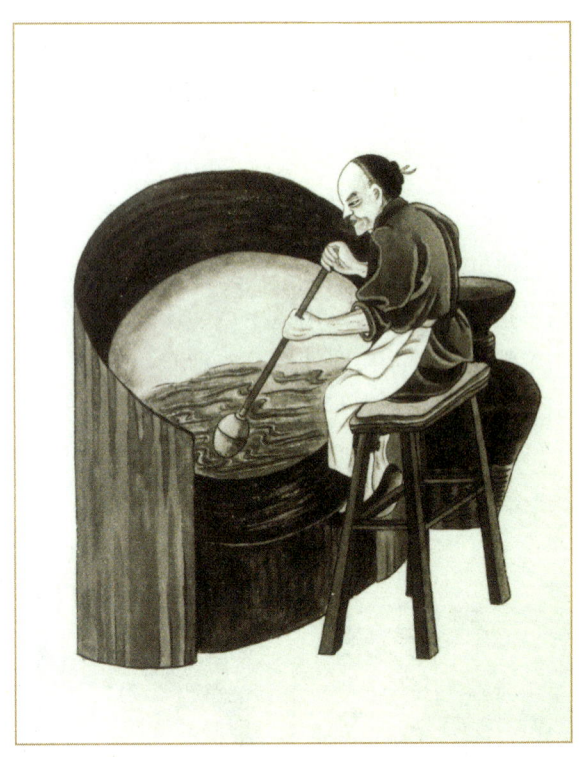
6-3-5　搅糖稀　中国国家博物馆藏

6-3-6　换糖担　《图画日报》

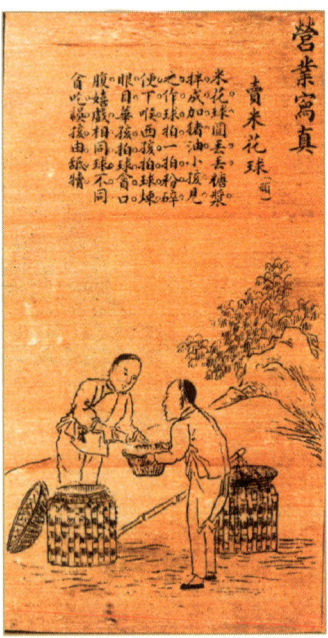
6-3-7　卖米花球　《图画日报》

6-3-8　卖糖山查（楂）《图画日报》

第七章·修理行

　　工具、家具、衣物坏了,经过修理还可以使用。这种修理工作,有些是在家庭内就能解决的,但是有些需要专门的技术和工具,因此在社会上出现不少以修理为生的人群,随之出现了不少相关的行业。

补 衣 业

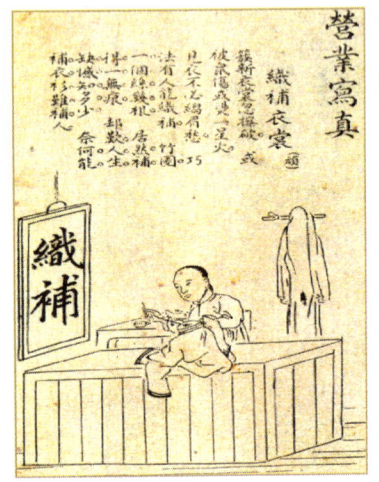

7-1-1　织补衣裳　《图画日报》

衣物修理包括帽子、衣服和鞋子的修补，而且各有专职人员。

帽子比较珍贵，一般破了并不修补，但是脏了却要清洗，具体方法是刷洗，一般有专门进行刷帽服务的人。衣服破了可以修补，社会上的缝穷婆就是专门补衣服的妇女。有些妇女专门从事织补衣服的行当。有些裁缝不仅做新衣，还进行旧衣翻新、改制衣服等。

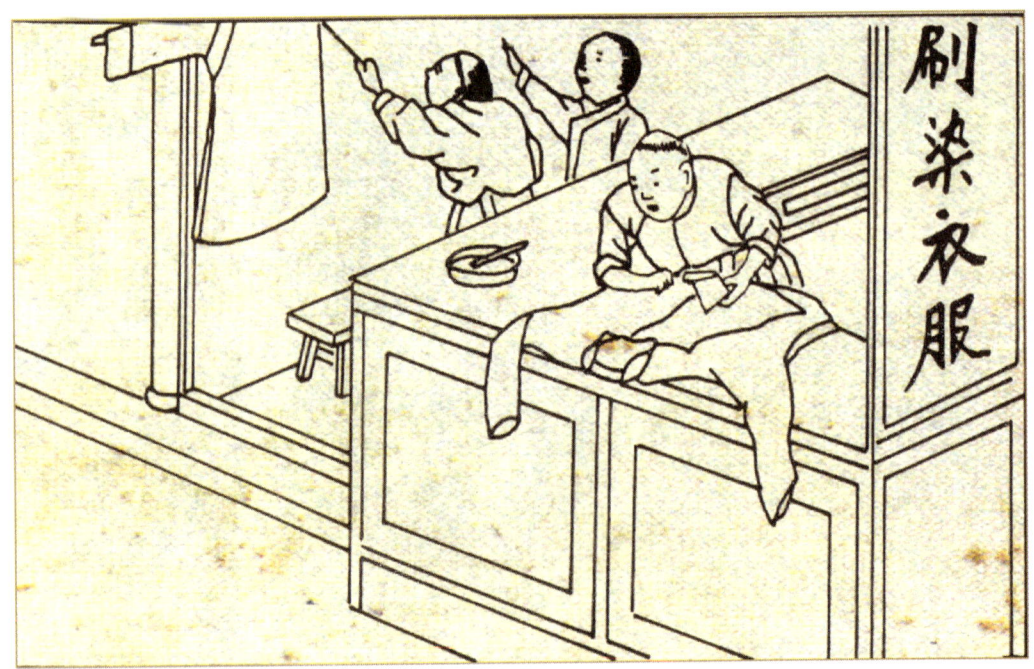

7-1-2　旧衣翻新　民间烟画

7-1-3 修鞋 民间烟画

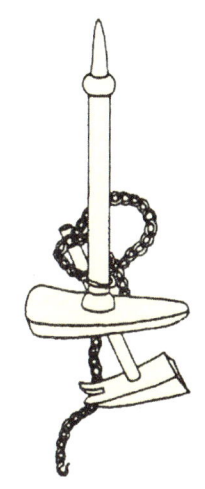

7-1-4 修鞋响器钉尺 《招幌辞典》

鞋靴修理是比较常见的，修鞋匠就是专门从事修鞋这项工作的。由于皮鞋比较名贵，要请专门的皮鞋匠进行修理。鞋靴匠、皮匠也有自己的行业信仰，大都供奉孙膑为行业神。

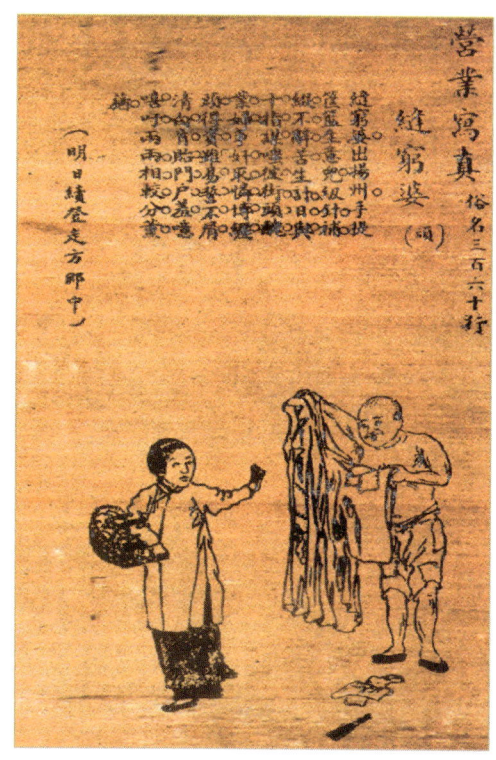

7-1-5 缝穷婆 《图画日报》

7-1-6 皮匠担 《招幌辞典》

器皿修理业

　　工具、家具坏了要请专门职业人员修理,其中也有不少分工。

　　炊具用品是生活中的主要器皿,有关修理行业也较多,如修锅就是一种。过去瓷器是较珍贵的,瓷碗坏了要请匠人锔碗,江西人钉碗是比较有名的。这种工匠必有金刚钻,俗语说:"没有金刚钻,不揽瓷器活。"碗匠有一种响器——铴,这是招揽生意的工具。随着瓷器工业的发展及瓷器的普及,1949年以后锔碗业已经消失。清代民间还广泛使用锡器,因而修补锡器也是一项修理行业;日用木水桶坏了也可以修补,又称箍木桶,箍匠供奉鲁班为行业神。

7-2-1　锔碗　民间烟画

7-2-2　锔碗　《白云山市图》

7-2-3　江西人钉碗　《白云山市图》

7-2-4 碗匠响器 《招幌辞典》

7-2-5 磨刀匠响器 《招幌辞典》

菜刀钝了应该磨刀,于是民间出现了磨刀匠,这些匠人走街串巷必扛着板凳,嘴吹钢号,或者敲响板,百姓听到声音即拿刀、剪来磨。这种行业至今还有一定的生命力。

7-2-6 磨刀 《清末民间风俗画》

7-2-7 明代磨镜图 中国国家博物馆藏

7-2-8 收拾锡器 《清末民间风俗画》　　　　7-2-9 焊水烟袋 《清末民间风俗画》

雨伞是民间的必备用品，特别是在南方，雨伞坏了也要请人修伞，包括修阳伞。

清代以前妇女化妆必用铜镜，磨镜子也是一种修理行业，自从改用玻璃镜子以后，磨镜行业就消失了。清代中期以后开始流行钟表业，修理钟表也随之产生。过去流行使用水烟袋，烟具坏了也要有人修理，即焊水烟袋。

此外，农村还有专门修理大车的，这项工作多由木匠承担。

7-2-10 修木桶 民间烟画

7-2-11 磨剪刀 《图画日报》

其他修理业

7-3-1 冲磨 民间烟画

7-3-2 修棕塌 民间烟画

除了前面所说的以外，还有一些其他的修理业，如修棕榻，又称修棕床。棕床是南方特有的，修棕床这一行业也是南方独有的。做棕垫也是南方的活动。冲磨也就是修石磨，石磨是乡村家庭粮食的主要加工工具，由于长年累月的使用磨损，磨牙基本磨平，为了能更方便快捷地使用石磨，磨牙必须经常冲雕修理。

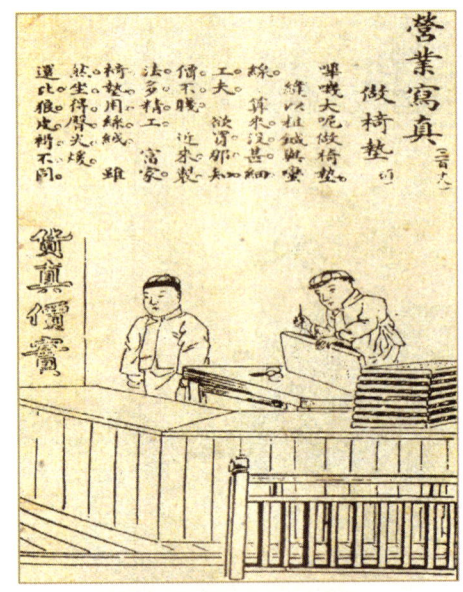

7-3-3　做椅垫　《图画日报》

随着社会生产力的提高,又出现了新的修理、加工服务行业,如住宅以玻璃窗取代纸窗户,往往要安装玻璃,于是出现了玻璃匠,他们专门为住户划装玻璃。当室内需要安装电灯、自来水和煤气后,又出现了相关的服务、修理行业,如装自来水管、装自来火(煤气)、修理电灯、修理电线等。

这些修理业的出现,标志着城市生活迈向工业化的轨道。

7-3-4　划玻璃　《图画日报》

7-3-5　装自来火　《图画日报》

第八章·服务行

　　服务行包括五花八门的行业,尤其是修理业,但鉴于修理业较多,已单独列章叙述。本章的服务业,主要包括燃料供应、供水、旧货收集、理发美容、保姆雇工和其他社会性服务活动。这些都是城镇生活的基本保证,缺一不可。

供 柴 火 业

供柴火业，实际指的是能源供应，现在使用的是电力、煤和煤气，但在传统农业社会中，能源主要取自于植物，其中有两类：一类是柴火，又称木柴，由樵夫专门上山砍柴伐木，再背到城镇销售。因此樵夫成为重要的职业，这些人多半是从农民中分离出来的，专门为城镇居民提供柴火等燃料。另一类是木炭，由于木柴较重，不耐烧，城镇冬天又需要大量的炭火供应，因此有些农民把好的木柴（杉木、柞木、松木）利用烧制的方法烧成木炭，白居易的《卖炭翁》讲的就是农民烧炭的艰苦生活。农民把木炭烧好以后，再背到城镇去卖，所谓送炭、卖炭者，就是这种行业。

8-1-1　送柴　《元代芦沟运伐图》

8-1-2　卖劈柴　清明上河图

8-1-3　背柴　《中国古典文学版画选集图》

8-1-4　卖木炭　《太平欢乐图》

供饮水业

8-2-1　淘水挖泥　《成都通览》　　　8-2-2　抬水者　辽阳魏晋墓壁画

　　水是人类生活最基本的需求，当人们居住在农村的时候，一般靠近水源，取水十分方便，不需要由专门人提供饮水。城市崛起以后，居民远离江河，往往需要挖井汲水。城市高度发展以后，又出现了水铺或水房，是专门为城内人进行供水服务的。在没有自来水以前，北京有不少人开水铺，挖几口井，雇佣若干人当水夫，并由他们负责供应几个街区的饮水。上海则由挑水夫挑黄浦江的水。1879年开始有自来水厂，

8-2-3　送水车　民间烟画

8-2-4　挑水　《图画日报》　　8-2-5　挑水夫　《太平欢乐图》　　8-2-6　水府龙王　《中国神像剪纸》

1883年出现了自来水公司。一般在水井旁盖的水房内，供有行业神井泉龙王、挑水哥哥、水母娘娘、井神等。其中的挑水哥哥是天津的水铺祖师，供奉在当地的天后宫内。

每年的春、夏、秋时期，供水十分繁忙，冬季来临，水结为冰，于是城市又出现了冰窖行业。清朝的皇宫、六部设有官窖，王府内设有府窖，百姓挖民窖，冰窖里必供奉窖神济公，一般是在冬至进行祭祀活动。

8-2-7　卖水　《清末上海风俗画》　　8-2-8　井神　云南甲马

收旧货业

8-3-1　日用品换旧货　民间烟画

城镇的消费垃圾是很多的，除了把垃圾作为肥料外，一些旧货则可以收集起来，作为另一行业的原料，如把各个城市的旧报纸、字纸收集起来也成为一行业，他们再把旧纸送往造纸厂，作为造纸原料。旧货也包括旧油箱、腊油等物。上海人称此行业为收垃圾的，北京则称其为"拾荒"者。

收旧货的人为了提高收货效率，还采取以糖换旧货、以日用品换旧货的方式，这对招揽生意、扩大货源颇有帮助。

8-3-2　糖换旧货　民间烟画

8-3-3 收旧货 《图画日报》

8-3-4 拾荒 《图画日报》

8-3-5 敬惜字纸 民间烟画

理发美容业

理发是一项重要的服务行业。从《清俗纪闻》中可以了解，清代已经有了剃头店，当然这是留辫子后对辫子的梳理服务。但是更多的是由理发人挑着剃头担子走街串巷，在街头巷尾为顾客剃头、刮胡子、刮脸等。民国以后，中国人不留辫子了，开始剃光头，后来又出现了理分头。理发工具除剃头刀外，还传入了西式的理发工具。

美容术早已有之，明末清初流行的修面、剃面都是这种行业。

理发业的从业人员在街上叫卖时，必须摇动特有的响器唤头。他们供奉吕洞宾为祖师爷。

8-4-1 挖耳 民间烟画

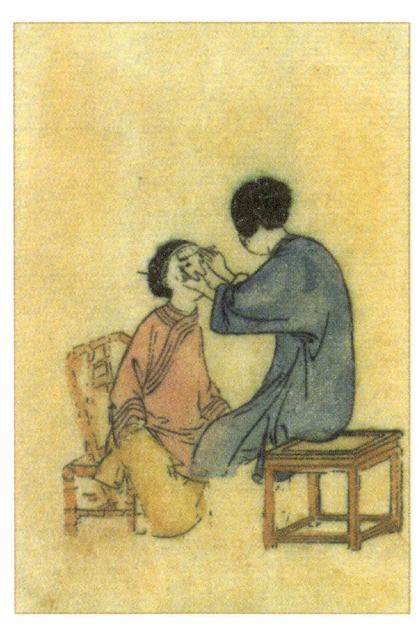

8-4-2 修面 《吴友如画宝》

8-4-3 刮脸 清明上河图

浴池也有相当的发展，城镇多开设浴池，其中又发展一种新的修脚业，北京称修脚，上海称扦脚、捏脚的。修脚工也上街招揽生意，他们用的响器叫乍板。

8-4-4 修脚响器乍板 《招幌辞典》

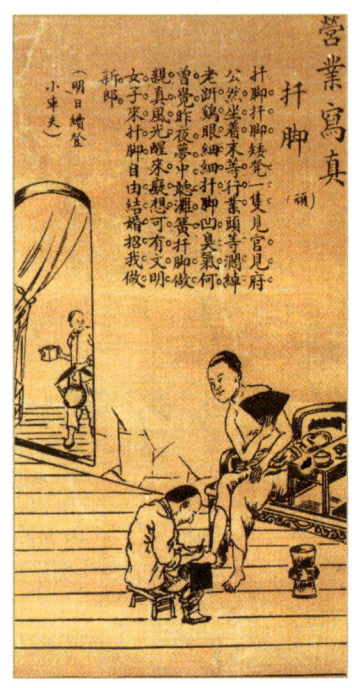

8-4-5 扦脚 《图画日报》

8-4-6 祖师吕洞宾 《三教源流搜神大全》

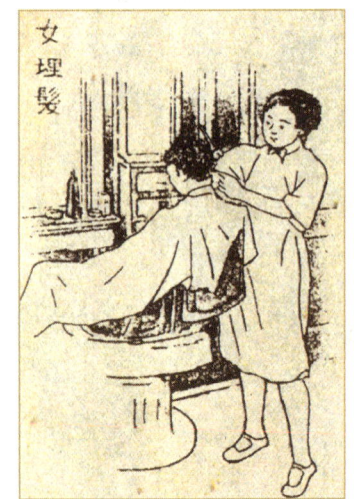

8-4-7 理发 民间烟画

8-4-8 剃面 《吴友如画宝》

雇 工 业

雇佣关系由来已久。服务业的雇工指的是杂役、保姆、乳母、跑堂的、洗衣工等,通常称为家庭服务业。

8-5-1 乳母 《清末民间风俗画》

8-5-2 店工 民间烟画

8-5-3 女工 民间烟画

8-5-4 杂工送外卖 《前门街市图》

8-5-5 雇工送炭炉 民间烟画

社会服务业

8-6-1 收粪 民间烟画

社会服务业比较复杂,大致有以下几种。

一种是画像、照相行业。在没有照相机以前,中国城乡流行画像,这种风俗至今尚存。西方的照相机传入中国以后,在城市开设了照相馆,也有些人手持照相机在公园、古迹、纪念场所等地为游人拍照。从目前发现的老照片分析,清末照相业已有了一定的发展。

8-6-2 修路工 民间烟画

一种是卫生环保行业。如城市已经有了清洁工、修路工、洒水车、收粪工，他们对城市环境的保护起着积极的作用。但收粪工往往来自农村，他们既要掏粪，又得积肥。

8-6-3　画小照　《图画日报》

8-6-4　照相馆　民间烟画

8-6-5　清洁工　民间烟画

还有一种是歌伎行业，实为娼妓业，在旧社会是最肮脏的职业。各地都设有妓院，住养一些歌妓。《如梦录·街市纪第六》记载开封城五胜角大街："向南，三间黑大门，匾曰'富乐院'。内有白眉神等庙三四所，各家盖造居住，钦拔二十七户，随驾伺候

8-6-6　洒水车　民间烟画

奏乐。其中多有出奇美色妓女，善诙谐、谈谑，抚操丝弦，撇画、手谈、鼓板、讴歌、蹴圆、舞旋、酒令、猜枚，无不精通。每日王孙公子、文人墨士，坐轿乘马，买俏追欢，月无虚日。"这就是对歌伎生活的具体描述。从中可以看出，妓院也供奉祖师神，他们一般是白眉神、管仲、勾栏女神、教坊大王、烟花使者、脂粉仙娘等。在这些信奉中，还有一种魔术——人获。《坚瓠集·广集》卷一称："妓家必供白眉神，又名袄（轩）神，朝夕祷之。至朔望日，用手帕蒙神首刺神面，视子弟奸猾者，佯怒之，撒帕着子弟面，将坠于地，令拾之，则悦而无他意矣。"这实际上是一种巫术，借以控制妓女。

8-6-7　司灯　民间烟画

第九章·交通运输行

　　交通运输业是一个重要的行业,也是一个很大的行业,内部又有许多小行业,如人力运输、畜力运输、车辆运输、水路运输等。在这些运输业内部又可以细分出若干小行业。

人力运输业

人力运输业是以人力为动力，利用各种交通工具进行搬运的工作，其中又分若干种。最简单的人力运输是背、挑、扛，如以肩背米口袋，用筐挑重物，以背篓扛货物，用肩扛重物等。但是各地特点不同，如码头港口多有搬运工，以便装卸船上的货物；长江三峡地区则利用背篓运输货物，不过，这种运输必须有垫肩、手杖，形成了特殊的背篓文化。山区背运物品也必须利用各种背架，这样才能妥善地背负重物。搬运工人又称脚夫，该行业称脚行。其行业也有自己的行业神，但是各地不同，北京多供奉天仙圣母或碧霞元君，西北地区的脚行则供奉马神，有些地方则供王二车神。

9-1-1　搬运工　清明上河图

9-1-2　搬运工　民间烟画

9-1-3 背枕木 民间烟画

9-1-4 扛包 皇都积胜图

9-1-5 轿夫 清明上河图

9-1-6　平肩舆　唐代敦煌壁画

此外，利用工具进行搬运，是后来才兴起的。一是轿子，从而出现了轿夫；四川地区则流行使用滑竿。脚行除供奉上述神灵外，还供奉不少行业保护神，如脚力神、路神、桥梁路道神等。

9-1-7　抬滑竿　云南石寨山铜器图

9-1-8 桥梁路道神 《中国神像剪纸》

9-1-9 桥梁之神 《中国神像剪纸》

9-1-10 脚力神 云南甲马

9-1-11 路神 《中国民间神像》

畜力运输业

畜力运输也是重要的运输形式，在我国北方以渔猎为生的民族，已经饲养驯鹿，以驮运物资。游牧和农业民族则利用骡、马、驴驮运物品，在西南地区则以马帮穿行山区。马帮是由若干匹骡马所组成，每个马帮有一匹头马，而且有特殊的装饰，如马面具、铃铛和马羽头饰，每五六匹马由一位赶马人（马脚子）管理。一般以一天能走三十公里为一个马站。但是官府的马站相距较远，因为它主要是用于通邮，多数是换马不换人的。

9-2-1　马童　皇都积胜图

9-2-2　牛驮进城　《成都通览》

马站又称驿站，必供奉马神，又称马王、马明王、马王爷、水草马明王，每年六月二十三为大祭，又称马王节，《北京岁时志》卷六："以为凡驴马等之健肥疲羸，死亡疾病，莫不归马王之，享祀丰洁，则牲畜蕃庶，营业顺利，否则灾病交侵，因业亦大蒙其损焉。"

9-2-3　牵驴驮物　清明上河图

9-2-4　钉马掌　《北京商铺》

在马力运输中，还要经常替骡马换马掌，这一行业多由铁匠兼任，或者专职，俗称马掌铺，从业人员又称蹄铁匠，他们供奉老君为行业神。

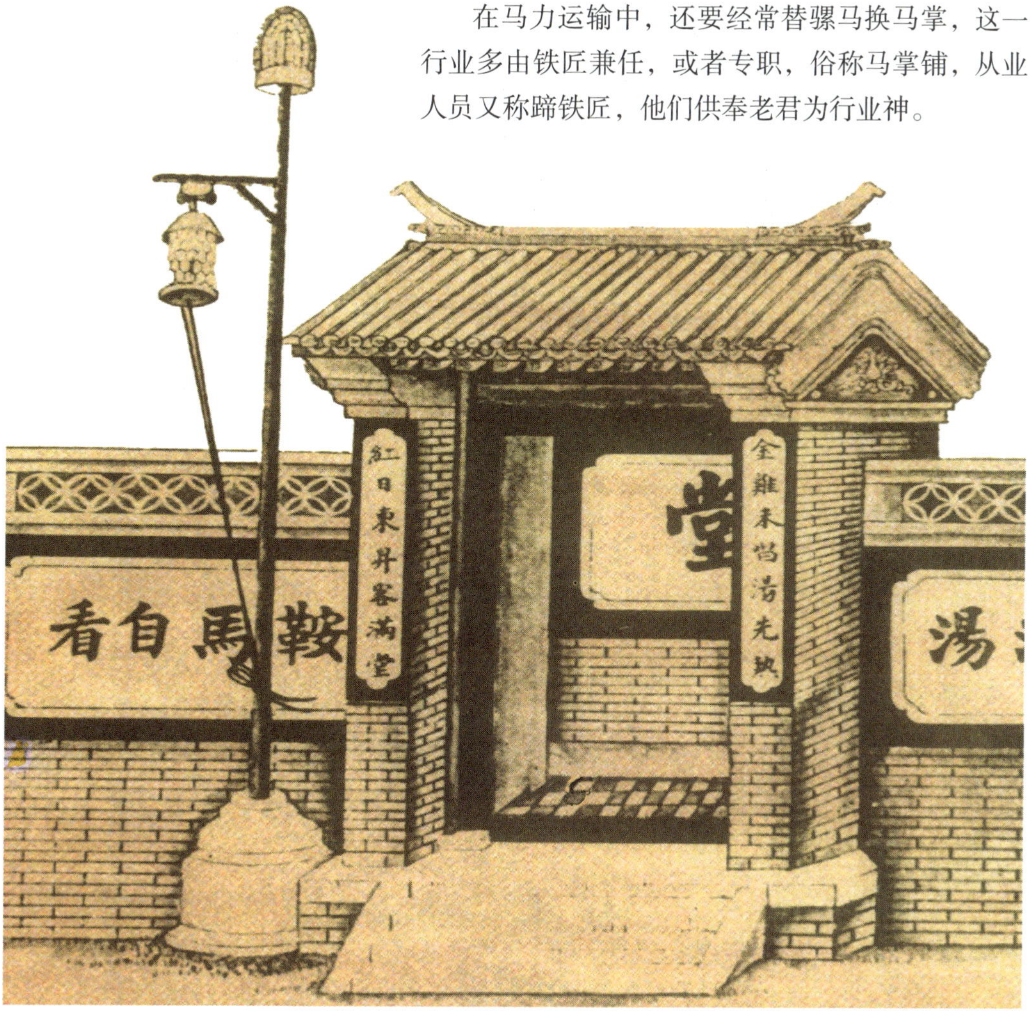

9-2-5　大车店　《北京商铺》

畜力运输还有一些地方性的特点，如在中国西南地区的傣族以驯养大象运输。清代宫廷也饲养大象。西南藏族地处高原，多饲养牦牛运送货物；西北地区有不少民族饲养骆驼，骆驼号称"沙漠之舟"，也是当地的重要运输畜力。

9-2-6　大象驮物　《滇南夷情汇集》

9-2-7　水草马明王　云南甲马

9-2-8　骆驼队　清明上河图

车辆运输业

9-3-1 驾车出行 《洛神赋图卷》　　　　　　　9-3-2 马车夫 《图画日报》

车辆是较古老的发明。商朝时期的车是双轮，由若干马匹驾驭，"洛神赋图卷"上的驾车出行，就基本上保留了上述车制，它是贵族使用的车。当时的战车也多仿其制。一般民族的马车，已经趋向于朴实，驾驭畜力的方法也改为套索，如"清明上河图"上的驾驴车就是如此。华北、东北的大铁车是农民使用的运输工具，这种车可以由骡、

9-3-3 四轮马车　天津杨柳青年画

9-3-4　人力轿车夫　《中国古典文学版画选集》

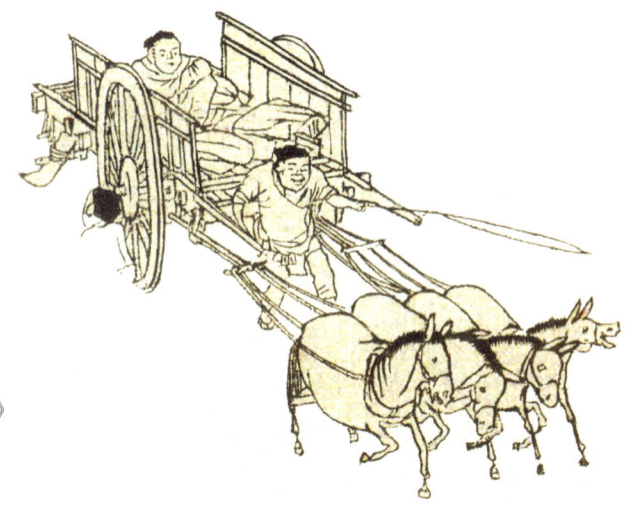

9-3-5　驾驴车　清明上河图

马牵引，也可以用牛挽拉，但是牛车行运速度慢，多用于农活。一般远行则使用马车。没有钱的穷人，则使用人力挽车。北方流行独轮车，上海称羊角车、江北车。上海还有一种搬运货物用的老虎车，实为两轮大平板车。后来才有了人力双轮车。

农村、城镇最简单的车是独轮车，主要流行于黄河流域，因为它位于长江之北，这种车可运输农产品、肥料，也可载人。《图画日报》上的"小车夫"就是由一个车夫推独轮车，车上坐有八位小脚女人。如果

9-3-6　轿车夫　《吴友如画宝》

9-3-7　牛车　清明上河图

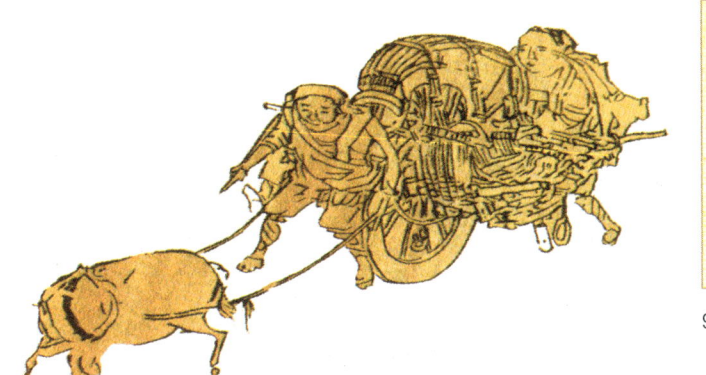

9-3-9 小车夫 《图画日报》

9-3-8 独轮车夫 清明上河图

给独轮车安上车厢，专门拉人，就变成了比较讲究的土轿车，《清明上河图》上多有其形象。如果独轮车载的人多或拉的货重，前边也可用畜力牵引，后边由人控制。民间流行供奉车神和五方车马神君，作为出行时的保护神。

9-3-10 车神 云南甲马

9-3-11 车神之马 云南甲马

9-3-12 人力车 天津杨柳青年画

9-3-13 五方车马神君 云南甲马

清朝末年,从日本传入人力车,又称洋车、东洋车,也为双轮,但是两辕修长,由一人拉车,俗称拉洋车的,也叫东洋车夫。当时有钱人家开车厂,购若干辆洋车,自己雇人拉车,也可以将车出租,小说《骆驼祥子》中就描写了祥子租车干活的情形。洋车厂多供奉文王为行业神,但车夫并不单独供奉神灵。

9-3-14 东洋车夫 《图画日报》

9-3-15 手推车夫 《吴友如画宝》

9-3-16 排子车夫 民间烟画

民国以后，坐汽车逐渐成为一种时髦，官吏、富豪纷纷购买汽车，坐汽车、开汽车，从而出现了一种新职业——司机。随着电车的兴起，还出现了售票员等新行业。

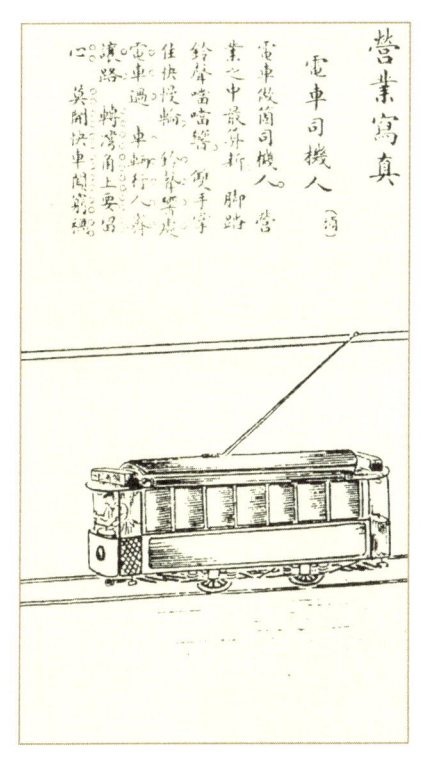

9-3-17 电车司机人 《图画日报》

9-3-18 电车售票员 民间烟画

水 运 业

9-4-1　水上运货工　清明上河图

水运也是重要的行业，特别是在江南和沿海地区相当发达。

最早的水上交通工具是浮具，如木头、葫芦等，至今在海南岛地区民间还使用葫芦游水，古代称为腰舟。西南地区民间则把整个羊皮吹鼓，抱着它过河，称"羊皮囊"，汉族称混沌。作为正式水上工具的是木筏、竹筏，这在全国各地都是比较流行的。后来随着水上交通的发展，各地居民因地制宜，发明了各种形式的船只，一般汉族使用

9-4-2　撑船工出游　《洛神赋图卷》

9-4-3 船工 《古今图书集成》

9-4-4 船行 《古今图书集成》

木船，东北渔猎民族使用桦皮船，西部地区游牧民族喜欢使用羊皮筏子和牛皮船，南方民族则划龙舟。

在重要的水路码头都设有船行，由船家管理船只和水上运输，船工负责开船和运输。在南方地区，江上逆水行船必须有纤夫挽拉，这是一种比较辛苦的工作。

9-4-5 艄公 清明上河图

9-4-6 运筏工 《元代芦沟运筏图》

9-4-7 纤夫 唐代敦煌壁画

由于水上风险大，信仰也多。自古以来就有对河伯、江神的信仰，在沿海地区则祭祀潮神、海神。我国最重要的海神为妈祖，她本来是福建湄州岛上的一位女巫，死后被奉为海神，并沿着海岸线向东北方传播，又经过台湾传播到东南亚各国，成为世界上最著名的海神，各地都建有天后庙，定期祭祀，祈求航海平安。

9-4-8　妈祖　《台湾版画源流特展》

9-4-9　拉冰床　《清末民间风俗画》

9-4-10　纤夫　清明上河图

9-4-11　河伯水神　《中国民间神像》

第十章·文化教育行

　　文化教育是一个大行业,具有育人、教人、宣传的性质。中国传统文化几千年传承不衰,而且能不断吸收国外的先进科学文化,这都归功于中华民族有海纳百川的胸怀和一套完整的文化教育体系。

教 育 业

从历史上看，最早创办私学的人是孔子，他是最伟大的教育家和儒学创始人，因此孔子是中国教育的核心人物，所以他的生平事迹为历代书家所推崇。

民间除学校外，还流行私塾。无论公立还是私立学校，都设有校长及教师若干，开学时必须祭孔或拜孔。上课时师生都有一定坐次，不能乱坐。

清末民初，学生多读"百家姓""千字文""四书五经"，也专门讲授孝、德；民国以后才进行了教材改革，讲授语文、数学等；现代教材是逐步推广的。

10-1-1 书童 《御世仁风》

10-1-2 上课 先生《启蒙画报》

10-1-3 学馆 盛世滋生图

10-1-4 书生礼拜图 《清俗纪闻》

10-1-5 孔子讲学 《中国迷信研究》

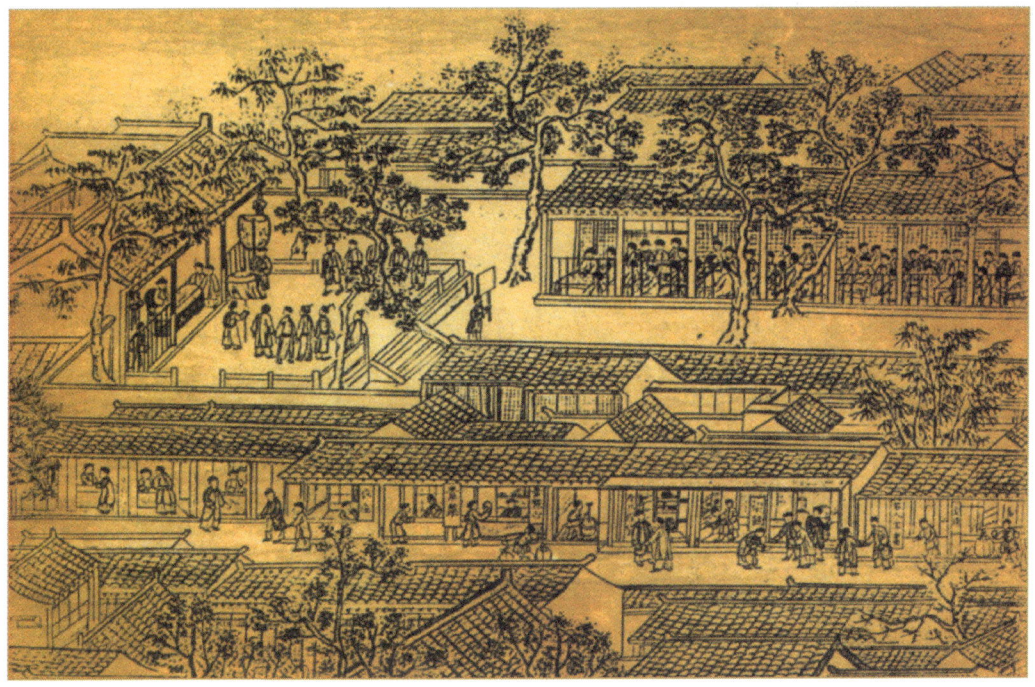

10-1-6 考场 盛世滋生图

10-1-7　老师与子弟　《国文教科书》

10-1-8　书童　《中国古典文学版画选集》

10-1-9　报登科之喜的衙役　《太平欢乐图》

　　清代的教育，学而优则仕，学习的主要目的是为了当官，因此当时中秀才、举人、状元是了不起的大事，衙役前来报喜，也会受到亲朋好友的祝贺，状元考中以后，还要游街炫耀。

　　但是要想榜上有名并不是轻而易举的，除了买官之外，一般人想达到功成名就，必须要甘于坐冷板凳，吃得"十年寒窗苦"。一般百姓是上不起学的，有钱人家的孩子才能上学，还常有书童陪伴。

　　在教育行业除供奉孔子外，还有文昌帝君、五文昌等行业神，"校必有庙，庙必有神"。清人潘荣陛《帝京岁时纪胜》："八月二十七日为至圣先师诞辰，禁止屠宰，祭文庙。各书室设供，师生瞻拜。"有些地方把文昌、魁星、朱衣神、关帝和吕洞宾合祭，俗称"五文昌"。

书报新闻业

我国印刷业由来已久，明清两代的北京琉璃厂就是一个印书中心，各种书坊云集，当地的文昌会馆、北直文昌会馆分别是由江西、河北书商建立的。书坊最怕火灾，所以琉璃厂建有火神庙，香火极盛。书坊有各种职业：编辑、印刷、折书等。书籍出厂以后，通过书店、文物店出售，也可以书童叫卖。

光绪二十四年《重建文昌祠记》："今天下自国都至于郡县，得通祀者惟社稷之神，与学之先圣先师，而文昌帝君居其一焉。凡以尊崇正学，维斯文之统，典至钜也。京师刻字行，向分南北二派，春秋致祭，皆兢兢洁牲，量币修祀，事于帝君，若以不得与祭为憾。"说明刻字行虔诚地信仰文昌帝君为自己的行业神。

10-2-1　卖书　《清末民间风俗图》

10-2-2　卖书　《图画日报》

10-2-3　卖书　《皇都积胜图》

在过去的书报中,有不少卖书、卖山歌本子、卖小说、卖朝报的形象,都是售书业的形式。卖书印书的地方,也是文房四宝的销售中心,但流动商贩也不少,如卖笔、卖墨、卖湖笔等,他们都是贩卖文房四宝的小商贩。

在春节期间,有些知识分子在街头写春联叫卖,也有登门为顾客写"对子"的,他们平常则代写家书、信件。此外还有一些卖字画的,或者开字画店的。

过去石碑多由秀才撰文,由石匠刊碑。也有一些人以刻图章为业。但是书坊也有刻字的字匠,俗称刻工、刻字匠、刻书匠、剞劂工。清末北京刻字行甚多,还有北派和南派之分,北直刻字行就是北派的代表。各刻字行也供有自己的行业神。

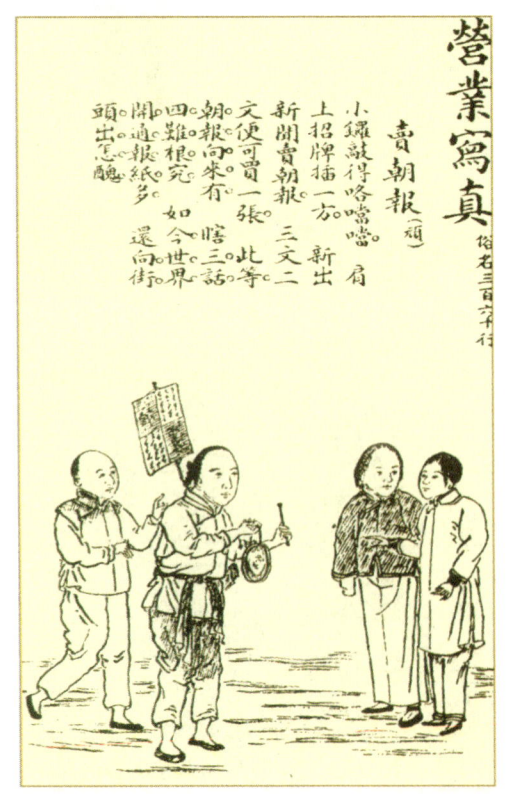

10-2-4 卖朝报 《图画日报》

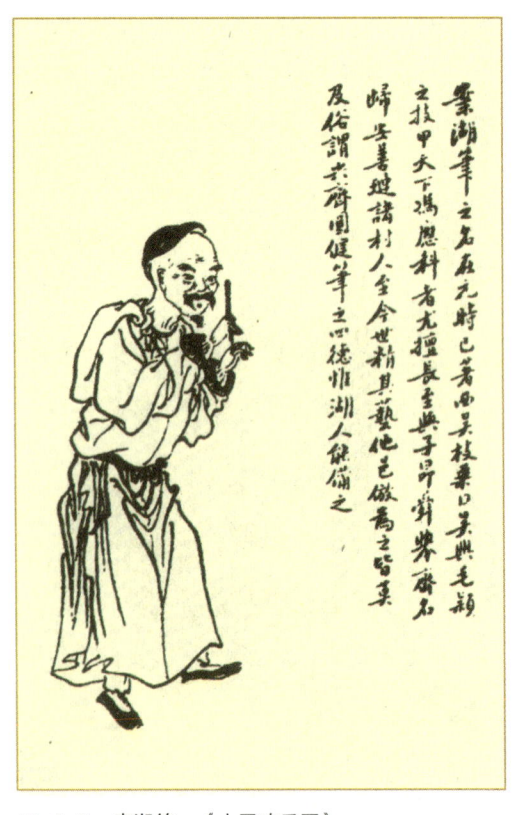

10-2-5 卖湖笔 《太平欢乐图》

10-2-6 制笔 民间烟画

10-2-7 卖笔 《图画日报》

10-2-8 报摊 民间烟画

10-2-9 卖墨 《太平欢乐图》

10-2-10 卖春联 《太平欢乐图》

10-2-11 卖画 《太平欢乐图》

10-2-12 字画店 盛世滋生图

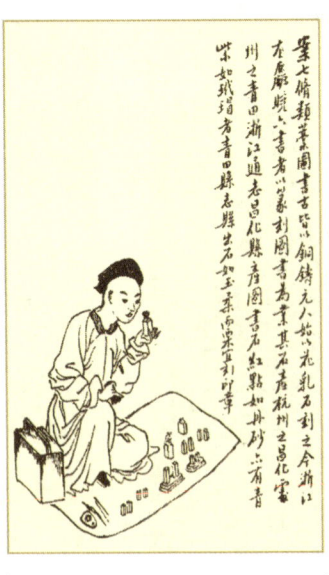
10-2-13 刻图章 《太平欢乐图》

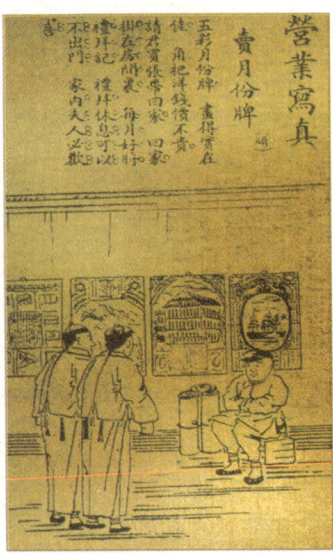
10-2-14 卖月份牌 《图画日报》

近代新闻业兴起以后，跟着也出现了一些新的职业，如记者、唱新闻者、报童、摄影记者、打字员、播音员等。

10-2-15 卖照片 《图画日报》

10-2-16 打字员 民间烟画

10-2-17 电台播音 民间烟画

10-2-18 摄影记者 民间烟画

文化祖业

文化教育界过去有自己的行业神，教师祖师为孔子；功名祖师为文昌；笔业祖师为蒙恬；纸业祖师为蔡伦；镌碑业祖师为文昌；拓裱业祖师为孔子，配以颜回、曾参、子思、孟子等。

10-3-1　纸业祖师蔡伦　《中国古代历史图册》

10-3-2　教师祖师孔子　《中国古代历史图册》

10-3-3　笔业祖师蒙恬　《三教源流搜神大全》

第十一章·医药行

人类在生存的过程中，会遇到各种各样的疾病，与疾病斗争，是人类最古老、最日常的主题。最初与疾病斗争的是巫医，后来才出现了以治病为主要宗旨的中医。清末民初又引入了西方医学，使中国与疾病斗争走向一个新阶段。

医护业

清末民初时期，中国城乡主要医务人员以传统中医为主，除著名的中药店有各种坐堂医生外，也有不少游医，如走访郎中、上海郎中。所谓郎中就是古代对医生的泛称，他们都是根据中医的诊脉、看舌苔、看面色、闻气味等方法看病。与此同时，还出现了专科的医生，有牙医、捉牙虫者，也有治疗跌打损伤的骨科医生，还有按摩师、点痣者、针灸者和拔火罐者等。

11-1-1　诊脉图　唐代敦煌壁画

11-1-2　镶牙齿　《图画日报》

11-1-3　诊脉　《清末民间风俗画》

11-1-4 牙医幌子 《招幌辞典》

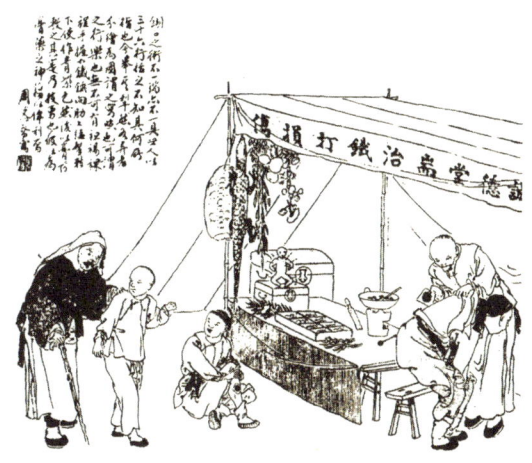

11-1-5 治疗跌打损伤 《白云山市图》

11-1-6 按摩 《清末民间风俗画》

11-1-7 拔火罐 《中国老360行》

西方医学传入中国后，出现了医院、医生、护士，构成了一些新的行业。最早的西医产生于道光年间，但不是很普及。

11-1-8　点痣　清明上河图

11-1-9　诚求保赤　《点石斋画报》

11-1-10　收生婆　《图画日报》

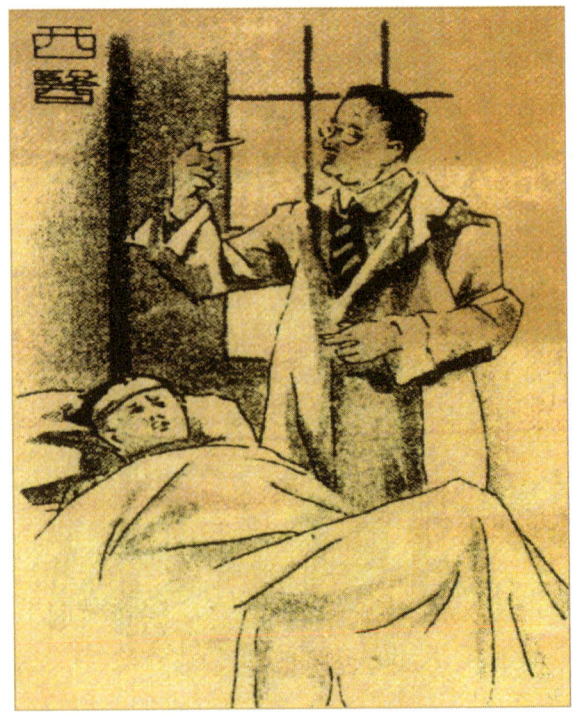

11-1-11　西医　《中国老360行》

药 业

中医多半是通过中药来施展自己的技能的。俗语说："中草药气死名医。"应该说有些中草药是有相当药力的。这里包括采药、种植药材、贩卖药材、开药店等方面，从而出现了不少与之相关的职业，如采药人、药农、药商、中药店掌柜和伙计，药店也有切药人、煎药人、制药师傅等。另外还出现了一些防虫除害的药剂。

11-2-1　采药人　《中国古典文学版画选集》

11-2-2　卖膏药　《成都通览》　　11-2-3　切药　《图画日报》

11-2-4　卖中草药　皇都积胜图

11-2-5　卖药　《白云山市图》

11-2-6　卖虎骨　民间烟画

街上卖中药者更是数不胜数，如卖虎骨的、卖草药的、卖药丸的、卖伤药的、卖膏药的、卖眼药的、卖狗皮膏药的等，他们从城市到乡村，走街串巷，无所不至。

中国有四大药店，即北京同仁堂、杭州胡余堂、汉口叶开泰、广州陈李济。北京原来以育宁堂闻名，因为它是御药房。咸丰时期以后，育宁堂失宠外迁，同仁堂才取代育宁堂的地位，其实同仁堂原来也是行医的，经过种种周折，才在北京大栅栏成为坐商，并行医。

11-2-7　卖眼药郎中　右玉宝宁寺元代水陆画

11-2-8 专除臭虫 民间烟画

11-2-9 煎膏制药司 《图画日报》

11-2-10 卖膏药响器 《招幌辞典》

11-2-11 膏药幌子 《招幌辞典》

北京的老字号药店甚多，有鹤年堂、乐仁堂、万全堂、千芝堂、长春堂、德寿堂和南庆仁堂等。上海的著名药店是蔡同德、童涵春、胡庆余堂等。

11-2-13　药店　清明上河图

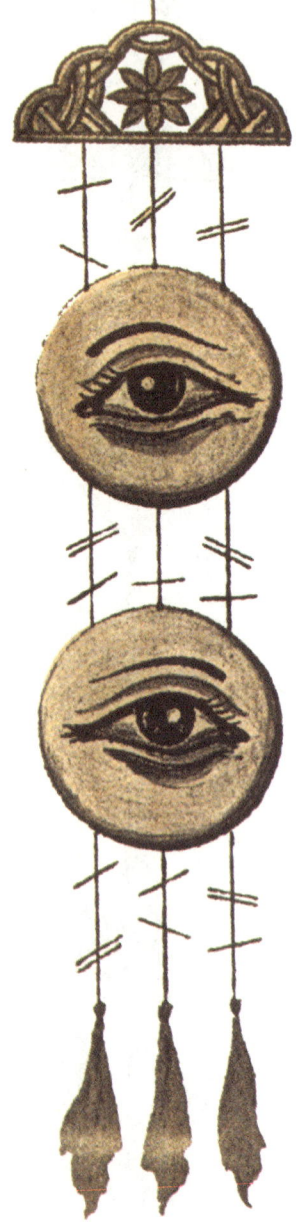

11-2-12　眼药幌子　《招幌辞典》　　11-2-14　育龄堂药店　《北京商铺》

巫 医 业

Witch Doctor

　　由于中国经济长期落后,文化科技不发达,许多民众求医无钱,往往去找巫医看病,因此巫医在城乡有相当的市场。

　　巫是原始社会从事宗教活动的人,女为巫,男为觋,但是不少巫觋又掌握一定的医药知识,他们在为病人驱鬼治病时,既从事宗教性的驱鬼活动,又施行中草药医病,因此成为巫医。进入文明时代以后,逐渐出现了中医,但巫医一直沿袭下来,其中女巫称师婆、巫女、巫婆、男觋又称师公、端公、神汉。古代绘画作品中的"巫医祝由""治病神术",都是巫医的反映。

　　祝由科是江湖上常见的巫医。《清稗类钞·艺术类·祝由科》称祝由科治病:"不用针石药饵,惟焚化符箓,祝说病由,故曰祝由。"他们自命为"由头子"。祝由科也走街串巷,每到一地,必挂一布招幌,其上书有"祝由科卖符治病"几个大字,下边画有祖师黄帝像。看病时,必向祖师敬香、念经、画符,认为这样就能符到病除。

11-3-1　巫医祝由　民间烟画

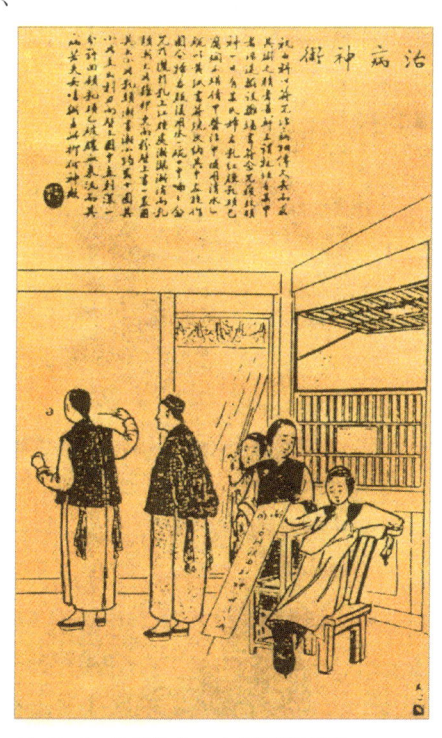

11-3-2　治病神术　《点石斋画报》

11-3-3　痘神　《中国迷信研究》　　11-3-4　麻神　《中国迷信研究》　　11-3-5　斑神　《中国迷信研究》

11-3-6　眼光娘娘　《中国迷信研究》　　11-3-7　主痧之神　《中国神像剪纸》

　　由于巫医以迷信治病，他们自己的神灵保护神主要有马公、宋相、五大仙、五猖、坛神、三郎爷爷、金花娘娘等。其中金花娘娘原本为巫女，流行于广东地区。五大仙是人格化的动物神，它们是狐狸、黄鼠狼、蛇、蟒、兔等，主要流行于北方信仰萨满（萨满，一种原始的宗教）的地区。五猖即五郎，流行于四川境内。湖南辰州的祝由科最有名，以"辰州符"驰名，他们供奉黄帝为神。

　　巫医还供有不少民间神，如痘神、麻神、斑神、主痧之神、眼光娘娘等。

医 圣 药 王

中医中把历代著名的中医、中药发明者和整理者奉为医圣、药王，并作为本行业的祖师。首先是三皇，俗称药皇，包括伏羲、神农、黄帝，被民间奉为中国医药的鼻祖。苏州就有三皇庙，其他地方凡供奉医圣药王之地，也必配合供奉三皇。

其次是扁鹊，他是战国时期的名医，《史记》有传。相传鄚州（河北任丘）为扁鹊故里，俞樾《茶香室续钞》卷十九："鄚州城东北有药王庄，为扁鹊故里。药王庙专祀扁鹊，香火最盛。每年四月，河淮以北，秦晋以东，各方商贾，辇运珍奇之属，入城为市。妙伎杂乐，无不毕陈，云贺药王生日。"

11-4-1　李时珍　《中国古代历史图册》

11-4-2　炎帝　《农书》

11-4-3　黄帝　《三才图绘》

第三是华佗，汉代时期的医家，素有"药圣""药王"之称，通内科、外科、妇科，也善于手术外科。《后汉书》也有传。有些地方还组成"华佗会"，并建有"华王庙"。

第四是孙思邈，俗称"药王""孙真人"，唐代人。《采风录》："药王会：四月二十八，传为药王孙思邈于这一天在四川青城山撰《千金方》成，白日飞升。内江的药铺，在这一天张灯结彩，祭祀药王。病家于是日酬谢医生。"

第五是药圣韦真人，又名韦古道、韦善俊、韦慈藏。唐代武则天时期光录卿，善医术。《清嘉录》卷四："（苏州）卢家巷亦有药王庙，诞日，药市中人击牲设醴以祝嘏。或集众为会，有为首者掌之，醵金演剧，谓之'药王会'。"

此外还有李时珍等人。台湾供奉保生大帝，即以吴真人为药王。

11-4-4　孙思邈　《中国民间神像》

11-4-5　药圣韦真人　《中国民间神像》

11-4-6　伏羲　民间神像

第十二章·演艺行

　　演艺行是民间文艺演出的重要形式之一，它的内容很多，形式多种多样，主要有说唱艺术、民间小戏、戏剧演出、歌舞等艺术形式。

说 唱 业

说唱，又名说书，其中有广义、狭义之分，狭义的说唱是只说书不唱词，如评书、评话等，也叫说书。广义的说唱又有两种，一种是说大书，有京韵大鼓、西河大鼓、乐亭大鼓等；一种是讲唱，讲唱中又有讲唱结合，如弹词、鼓词、河南坠子，还有一种只唱不讲，如大鼓书、木鱼书等。相声原来也是只说不唱，其行业供奉东方朔为祖师。

12-1-1 说书 《廛间之艺》

12-1-2 评书 《七十二行现相图》

12-1-3 街上说唱 皇都积胜图

12-1-4　说唱艺人　北魏陶俑　　　　　　　　12-1-5　相声　《七十二行现相图》

12-1-6　唱双簧　民间烟画

关于评书、评话，表演者仅为一人，道具有醒木、扇子和手巾。但是各地在名称和特色上又有所不同，包括北方评书、苏州评话、扬州评话、四川评话等。清唱本来是由一人唱，上海还有一种"群芳会唱"，表演时由若干女子一个接一个清唱。各地有不同的行业神，如华北、东北评书供奉周庄王、孔子和文昌。苏州、扬州仅供奉周庄王，河南评书业则供奉魏征。

171

12-1-7　三棒鼓　《清末民间风俗画》

12-1-8　京韵大鼓　清代妙峰山进香图

讲唱结合的有弹词、河南坠子，唱中说词，词后有唱，一般都是有某种乐器配合。弹词祖师也因地而异，如扬州弹词供奉孔子、崔仲达、柳敬亭，每年三月三、六月六、九月九祭祀。河南坠子则供奉丘处机为祖师，每年正月十九、九月初三举行祭祀。坠子的来源，据说是因为丘处机卖胡琴的弦是用张果老的驴尾制成的，又掉下的驴尾，故有"坠胡""坠子"之称。有的地方还供奉麻姑为祖师。

12-1-9　踏街唱歌　民间烟画

12-1-10 评弹 《吴友如画宝》

12-1-11 唱弹词 民间烟画

12-1-12 说书祖师东方朔 《三教源流搜神大全》

12-1-13 说唱祖师麻姑 中国民间神像

民间小戏

民间小戏由来已久，最早的小戏应该是木偶戏，有的地方又称棒棒戏。木偶戏是古今民众最喜欢的小戏之一，在南方最为发达。北京称为"耍猴栗子的"，这是木偶戏的变音。后来又流传傀儡戏。

在宋代文物上，有不少木偶戏的形象。通常是由一人主持，挑着担子四处活动，一头用布围成小戏台；另一头为大圆笼，装有锣鼓和木偶。表演时，主持人钻入戏台布围内，举木偶表演，连说带唱。常演的节目有《香山还愿》《铡美案》《李翠莲》《王小打虎》等。木偶戏演艺界拜老郎神、二郎神为祖师爷。

12-2-1　宋代文物木偶戏图案　《文物》

12-2-2　棒棒戏　《七十二行现相图》

12-2-3　木偶戏　《北京风俗图谱》

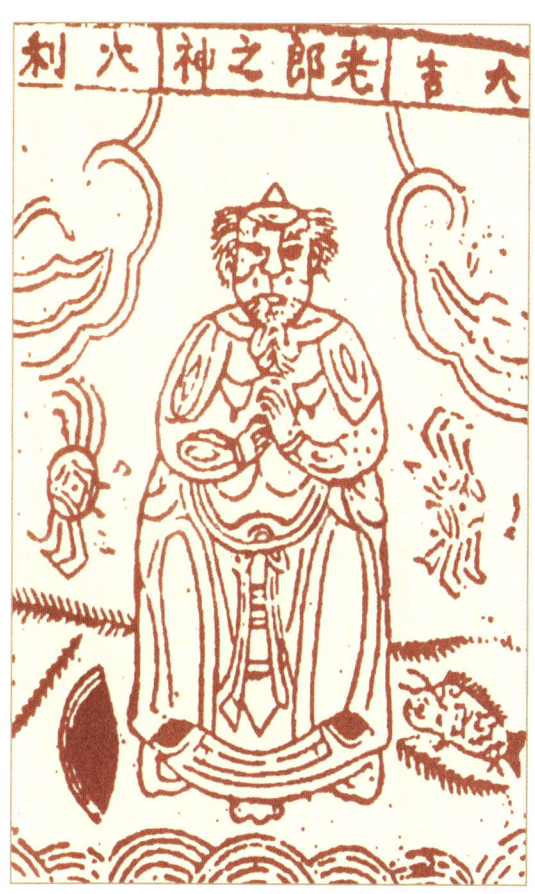

12-2-4　木偶祖师老郎神　《中国民间神剪纸》

12-2-5　木偶祖师二郎神　《中国迷信研究》

12-2-6　做灯影　《七十二行现相图》

12-2-7　做影戏　《图画日报》

影戏，又称皮影戏。仅北京就有两派：东派由秀才黄素志创立，供奉孔子为祖师；西派可能来自陕西，供奉观音为祖师。相传观音三次路过华阴，有一次观音预感灾异降临，就以佛光为幕，以竹子为影，观音坐在蒲团上，演唱劝善故事，百姓云集看影戏，解除了灾难，于是有人仿之创立了影戏。陕西影戏界一般供奉李少君为行业神。耍狮子是真人配带道具扮演狮子，为拟兽戏之一。唐代时期的狮子舞，是由狮子和狮子郎表演；宋代为拟狮舞；明清时期的狮子滚绣球，使狮子戏达到了新高峰。

12-2-8　耍狮　《七十二行现相图》

12-2-9　耍龙灯　《七十二行现相图》

12-2-10　看西洋景　《北京风俗图谱》

12-2-11　跑木马　民间烟画

12-2-12　跑旱船　《北京风俗图谱》

12-2-13　影戏祖师喜神　民间年画

　　拉洋片，又称拉大片、西洋景，是民初新兴的一种小戏。道具是一个木箱，安有透镜，箱内有不少画片，可以提拉更换，因画片有许多是西洋画而得名。表演者拉一张，就配一段唱词。该行业供奉唐代术士袁天罡为行业神。有的地方还以喜神为祖师。

　　跑木马、跑旱船可能来自民间游戏，后来成为民众喜闻乐见的小戏。这种行业一般是由农村人进入城镇地区演出的。通常由三个人组成：一人扮演姑娘，双手驾船，且跑且歌且舞；另一人扮演小丑，佯划船状，也作表演；还一人打鼓敲锣伴乐助兴。后来又流行大头戏。

12-2-14　大头戏　《北京风俗图谱》

12-2-15　变戏法　《七十二行现相图》

　　鼠戏，又称耍耗子。艺人多来自京东农村，有一个箱子，内有不少小道具，另外有一个鼠笼子。他们走街串巷，有时到某家耍耗子，表演"吊桶打水""登梯上高""滚桶"等，以此讨些小钱为生。

　　变戏法，是指在地上摆摊，周围有许多围观者，主持人手脚利索，技巧多变，使周围观众看不出破绽。如北京德胜门西绦胡同有一个姓盛的艺人，带有两个小徒弟敲锣，师傅自己则表演"罗圈当当""仙人脱衣""吞宝剑""吞铁球"等绝活。

　　此外还有耍花鼓的、耍猴的、唱话匣子的、数来宝的等。

12-2-16　花鼓戏　《七十二行现相图》

戏 剧 业

戏剧起源于傩戏、地戏，进而在城市兴起小戏，如古代的杂剧、散乐都是，后来才有京剧等剧种出现。他们成为演艺界一个大行业，但有高下之分。其中有名的京剧演员都组成戏班子，在戏院演出。清朝称戏院为"茶园"，进而为"戏园"，后又改称"戏馆子"，民国以后改为"剧场""剧院""戏院"。

12-3-1　宋代杂剧　杂剧人物图

北京最早的剧场是广和剧场，位于前门外肉市街路东。明代为私家戏楼，清代为营业性剧场。著名的戏院也不少，如正乙祠大戏楼，原来是明代一座道观，康熙年间改为方正乙祠戏楼，每年春秋两次在此集会，七月十五为盂兰盆会，演灶火和目连戏。徽戏班子就在此演出。京剧产生以后该地区成了京剧演出场所。谭元寿、梅兰芳等名角都在此演出过。

12-3-2　宋代杂剧　河南偃师宋墓杂剧砖刻

12-3-3 宋代杂剧艺人 河南偃师宋墓杂剧砖刻

此外还有湖广会馆大戏楼、中和剧场、庆乐剧园、广德楼戏园、吉祥剧院、同乐轩、大观楼、景泰茶园、新新大剧院等，都是清末民初京城的著名剧院，供各种京剧班子演出。清代戏院一般不卖票，而是进一人收一人钱，或者由专人送票上门，此人就是案目，相当于戏院的公关者、戏票推销员，他们不拿工资，但可提成。

除了上述京戏表演以外，还有一种唱小戏的，他们没有名气，组不成班子，不得不摆个地摊，拉个场地，在街头卖艺。如北京有个艺人白庆林，外号老云里飞，原本是说书的，后来演京戏《杨香武三盗九龙杯》，其子白宝山，又名小云里飞，在天桥一带演艺圈内也十分有名。有些家庭在婚寿大庆时，也把演戏者请到家里，称为"唱堂会"。其行业供奉唐明皇、二郎神为祖师。

12-3-4 庆福堂小戏 杨柳青年画

12-3-5 大行散乐中都秀 洪赵县广胜寺壁画

12-3-6 明代乐伎 《琵琶记》

12-3-7 明代演乐 《玉杵记》

12-3-8 唱堂会 盛世滋生图

12-3-9 地戏 《百苗图》

12-3-10 戏剧祖师唐明皇 《三才图绘》

12-3-11 戏剧祖师二郎神 《中国民间神像》

乐 舞 业

Music and Dancing

舞蹈是重要的艺术形式,它是通过肢体动作表达感情的。《诗经·大序》:"言之不足,故嗟叹之;嗟叹之不足,故咏歌之;咏歌之不足,不知手之舞之,足之蹈之也。"《礼记·乐记》:"诗,言其志也;歌,咏其声也;舞,动其容也。"但是原始舞蹈

12-4-1　战国宴乐　成都百花潭错金银壶纹饰

12-4-2　战国舞女
洛阳战国墓出土玉器纹饰

12-4-3　战国舞女
洛阳战国墓出土玉器纹饰

12-4-4　战国舞女
广东东汉出土陶俑

12-4-5　汉代鼓乐　南阳汉墓画像石

是民众普遍的娱乐形式,当时没有专门的舞蹈者。也就是说,当时还没有以舞蹈为职业的人,远古时期留下来的出土物品舞蹈盆就是这一时期的产物。

12-4-6　汉代长袖舞　武威汉墓出土漆樽纹饰

12-4-7 唐代舞伎 李寿墓出土线刻

12-4-8 五代乐伎 《韩熙载夜宴图》

12-4-9 汉代舞女 绍兴汉墓出土铜镜纹饰

12-4-10　唐代乐伎　李寿墓出土线刻

12-4-11　汉代踏鼓舞　河南南阳汉画像石

12-4-12　五代男女舞伎　南京李升墓出土陶俑

　　人类进入文明时代之后，出现了脑力和体力劳动的分工，统治阶级为了享乐的需要，也控制了一些善于乐舞的人，从而出现了以舞蹈为职业的艺人。这方面在考古中有许多发现，如战国时期在玉器、漆器和铜器上有不少宴乐形象；汉代舞乐纹饰也很多；隋唐时期的壁画、石刻和陶俑中，也有不少乐伎题材；由于明清两代刻版印刷的发展，不少书中都有演乐、乐伎形象。

　　近代也有不少舞女，但是这些职业一直备受歧视，直至现代才有所改观。

第十三章·武术杂技行

　　这是三百六十行中重要的一大行业,内容又分若干小行,如练武术的、耍技巧的、跑马术的、变戏法的等。

武 术 业

武术,又称"练把式的",在中国古代十分流行。主要有摔跤的,有表演相扑的,有玩拳脚的,有拉弓射箭的,还有武打的等。

拉弓射箭本来是古代人的必备护身技术,到了近代已失去普及性,变成了某些人谋生的手段,属于杂技类活动。如北京天桥有一种拉硬弓的,一人能拉三只弓,而一般人连一只弓都拉不动,这不仅表现了超群的臂力,更重要的是借助拉硬弓来出售大力丸。

摔跤,又称"掼交",讲究手势和脚拌子,以摔倒对方为胜。清朝军队中有一种"善扑营",是八旗子弟练习摔跤的地方。北京各市场也设有一块空地,作为摔跤场。

13-1-1 射手 元世祖出猎图

13-1-2 相扑 《中国古典文学版画选集》

13-1-3 武打 民间烟画

13-1-4　耍拳脚　民间烟画

过去北京庙会较多，市场也不小，有不少武术表演场所，有练大刀的、练拳脚的、练花剑的、耍钢叉的，十八般武艺样样都有。过去俗称"天桥的把式光说不练"，是指表演者的语言多于动作，借以调节休息。还流传有"尽说不练是嘴把式，尽练不说是傻把式"之说。

13-1-5　耍武术　民间烟画

顶技业

顶技是指利用身体的某部分,将武器、重物或人顶起来的表演,其实它也属于武术的一类。其种类较多,如双人顶、单腿顶、肚顶人、顶碗、顶缸、顶盘子、顶木竿、人顶人、鼻子顶物等。通过以上各种技巧,表现艺人的体力、技巧,供观众欣赏,以达到娱乐的目的。

13-2-1　单腿顶　山东武氏祠画像石

13-2-2　肚顶人　北魏敦煌壁画

13-2-3　双人顶　战国玉雕

13-2-4　倒立杂技　河南洛阳七里河汉墓

顶技 Dingji (Head Skills)

13-2-5 顶人 明宪宗行乐图

13-2-6 顶竿 《清代妙峰山进香图》

13-2-7 耍盘子 《清末民间风俗画》

13-2-8 鼻子顶物 民间烟画

13-2-9 百技顶碗 民间烟画

技 巧 业

技巧活动也是杂技的重要部分。汉代画像石上有不少技巧运动的图像，唐代《信西古乐团》中也有耍玉的、练剑的等技巧性形象。《便桥会盟图》上也有一幅是艺人在马背上表演技巧动作，惊险超人。这些都是古代技巧表演的杰作。

清末民初时期，技巧也成为杂技艺术的内容，如踢毽子就是一种技巧运动，有单脚踢、双脚踢、两人合踢一毽，有的以脚尖踢上空中又落在脚尖上，毽子又起，围绕脖子转一圈，又踢给别人，闪展腾挪，运动自如。此外还有钻火圈的、耍钢叉的、玩流星的、耍钹的等。在民间艺术中，有些艺人身兼几艺，也有些人只专攻一门技艺，这些都是他们赖以谋生的手段，也是民间重要的文化生活内容。

13-3-1　踢毽　《清末民间风俗画》

13-3-2　耍钹　《清末民间风俗画》

13-3-3　掇标刀　《清末民间风俗画》

13-3-4　火流星　《清末民间风俗画》

13-3-5 汉代杂技 河南汉代画像石

13-3-6 杂耍班子 《南都繁盛图》

13-3-7 耍球 河南东汉墓壁画

13-3-8　马上技巧　《便桥会盟图》

13-3-9　耍杂技　《中国老360行》

马戏业

13-4-1　戏战马　山东沂南汉代画像石

所谓马戏，不仅指各种动物的表演艺术，还包括人的介入。远在先秦时期就有了马戏，汉代的百戏中也有不少马戏内容，唐代还有了"走马击钱""立马写字""骑马钻圈"等新的马戏节目。宋代不仅盛行马戏，还流行马球游戏。辽、金、元三朝以骑射立国，其马戏活动也不减当年。清代帝王也酷爱马戏。《清稗类钞·戏剧类》："咸丰时每至上元日，文宗辄于未申之交驾至西厂，先陈八旗骗马诸戏。"于是上行下效，民间也开始举办"马会"。《广东新语》卷二十一："东莞盛时，喜为马会，以驰

13-4-2　蛇戏　汉代画像石

13-4-3 马技 山东沂南画像石

骋相雄。每会日，于平原广野，设步障，陈鼓乐。数百里外皆以名马来赴，其下者不得杂驰。"由此可知马会十分壮观。同时，蒙古族的"跑马会"、藏族的"竞马之戏"也各有千秋。近代以来又有了赛马场，实行"驰名赌胜"。

马戏除表演马技之外，还有各种动物驯育表演，有鼠戏、蛇戏、羊戏、猴戏、狗戏、牛戏、象戏、狮戏、虎戏、熊戏、猫戏、鸟戏、鸡戏、龟戏、蛙戏、虫戏等。

马戏的历史，可能经历过三个阶段：一是人对动物的模拟，可能与狩猎有关；二是驯化动物之间的搏斗；三是所谓杂技艺术中的马戏。

13-4-4 鼠戏 《招幌辞典》

13-4-5 猴骑羊 民间烟画

13-4-6 熊戏 民间烟画

13-4-7 打蛋雀 《清末民间风俗画》

13-4-8 狗戏 民间烟画

魔 术

魔术，古代称为幻术，民间称为变戏法。

在《信西古乐图》上有一幅是吹火表演，这是一种典型的幻术。唐代有三大魔术师：张果老、吕洞宾和韩湘子，他们是八仙中的重要人物。西藏桑鸢奇唐代壁画上有一幅双剑悬人图，也是利用轻功表演魔术的。明代以后，多称幻术为变戏法，但在《明宪宗行乐图》上还称为变幻术。清末民初，变戏法到处流行，项目也不少，如吞刀、吐火、大变活人，还有道教色彩浓厚的"仙人摘豆""八仙过海""二仙传道""三仙过桥"等。

13-5-1 吞刀 《清末民间风俗画》

13-5-2 吐火 《信西古乐图》

13-5-3 杂技吕洞宾 《三教源流搜神大全》

近代中国戏法分为两种：一种是古彩戏法，表演者穿长袍，所变的东西吊在裤裆内；另一种为变魔术，是利用道具表演魔术。

变戏法的艺人供奉吕洞宾为祖师，这可能与吕洞宾有善于隐显技有关。

第十四章·军政衙役行

在三百六十行中,军政衙役也是一个大行业,其中包括军人、监狱守卫、政府衙役和邮差等小行业。不管社会性质如何,上述职业都是不可缺少的。其中有些属于统治阶级,也有许多是劳苦大众。

军 人

军队是一个国家的重要机构,由将军、军官和士兵组成。在古代绘画、壁画中屡见不鲜。除了打仗的将士、兵卒外,在衙门还设有卫兵。旧社会由于抓壮丁,不少士兵都是受害者,但有些士兵又是害人者,据说川军有两支枪——步枪和烟枪,他们无恶不作。

14-1-1 卫兵 库伦辽墓壁画

14-1-2 役兵 《水浒全传》　　14-1-3 将士 《元曲选》　　14-1-4 士卒 《义列传》

14-1-5　武圣祖师关羽　《中国迷信研究》

14-1-6　战神岳飞　《中国迷信研究》

军人有自己的祖师和行业神，首推是关羽。宋代封关羽为武安王。明代又加封为"三界伏魔大帝神威元镇天尊关圣帝君"。清代被奉为武圣人，与孔子齐名。过去在武官家中多供有关羽像，关帝庙就更多了。郑逸梅《三国闲话·关公磨刀雨》记载："农历五月十三日，旧俗祭祀关公，

14-1-7　战神蚩尤　汉代画像石

14-1-8　纳西族战神　东巴画

设三牲，且有庙会，巡抚进香，所有武官及武举人、武秀才，均随之跪拜。"军人也有供马神的。战神还有蚩尤、姜太公、岳飞，蒙古族、纳西族也有自己的战神。

14-1-9　武神姜太公　《中国神像剪纸》

14-1-10　蒙古族战神　西藏唐卡

狱 卒

监狱是关押、管理犯人的地方,设有狱长、狱卒。这种职业在当时是个肥差,"靠山吃山,靠水吃水,看守吃犯人"就是这些职业的真实写照。

14-2-1　包公割麦　山东潍坊年画

最早被狱吏、狱囚奉为狱神的是皋陶,相传他是尧舜时代的刑狱之官。他治狱的办法不是用酷刑,而是用一角羊触之,有罪触之,无罪则不触。因此古代还建有皋陶庙。宋代以后供奉萧何为狱神,因为他为刘邦制定了《九章律》,在法律、监狱制度上有过重要贡献。包拯在民间则被奉为严断惩恶的偶像神。

14-2-2 皋陶 《三才图绘》

14-2-3 狱神萧曹 《中国民间神像》

14-2-4 包拯 《三才图绘》

衙役

Yamen Runner

14-3-1 奏乐兵役 《全相五种平话》

14-3-2 差役 《中兴祯应图》

在官署中做事的役卒，皆称为衙役，一般有以下三种人。

一种为快班，又名捕快、捕役，又称营门巡捕。由于有时骑马，又称马快，他们的职务是缉捕盗贼。

一种为皂班，是专门负责执行刑仗者，皂班又称皂隶，包括皂与隶，有时又称"伍伯"。

另一种为壮班，是执差传之役者。

此外还有门子、散役，前者就是看门的、守卫的；后者为衙役的也不少，如奏乐衙役、提灯衙役、撑伞衙役等。

更夫，又称打更的、巡夜员。过去各城市都有打更的，主要负责报时、巡逻、看街。为此，在几条街范围内都设

14-3-3 更夫 《七十二行现相图》

14-3-4 管门巡捕 民间烟画

有一个更房（或称为堆子）。两人一班，一个敲梆子一个打锣。夜间则增加到三人，其中还有一人手拿一根带钩的长钩，遇到盗贼就用钩子钩住，以便追捕。不过，更夫是衙门设的，与巡警、巡捕结合，有的私人作坊也雇佣少量的更夫。

14-3-5 撑伞衙役 皇都积胜图

14-3-6 衙役 《中国古典文学版画选集》

14-3-7　提灯兵役　明宪宗行乐图

在衙门内还有一些职务，如胥吏，又称书吏、书办、刀笔吏等在衙门内办理文书案牍等的小官吏。还有一职务是师爷，又称"幕宾""幕友"，是主管官员的秘书、参谋，中国以绍兴师爷最为有名。官吏的仆役则称长随，包括宅门内的、宅门外的、宅门内外的。《龙庄遗书》曰："宅门内用事者，司阍曰门上，司印曰金押，司庖曰管厨；宅门外，则仓有司仓，驿有办差，皆重任也。跟班一项，在署侍左右，出门供使令，介乎内外之间。"

14-3-8　奏乐衙役　明宪宗行乐图

其他杂役

其他杂役，主要有以下两种。

一是消防员，又称救火员。从《盛世滋生图》上看，清代中叶已经有了专门救火的杂役，负责城市或宫廷的消防安全。但是民间防火由来已久，有自发的救火会、水会、水局、水龙局等。其中有专职和半专职的人员，分别负责了望、报警、联络和会计工作。他们的行业神为火神和龙王。

一是邮递、邮差、邮电员。从业人员称为信使、邮差、邮递员等。邮差经常受流氓欺辱，有些邮差则投靠帮会组织，以图安全。

14-4-1　信使　嘉裕关北魏画像石

14-4-2　救火员　民间烟画

14-4-3　邮差　民间烟画

14-4-4　邮电员　民间烟画

第十五章·宗教迷信行

宗教信仰自原始社会人类有信仰以来，至今未断。但是人类的信仰是不断发展的，起初是巫教或萨满教，进入文明时代以后开始出现了人为宗教。就中国而言，道教是土生土长的，东汉以后又传入了佛教，后来又先后出现了伊斯兰教、基督教。但是原始宗教并未根除，它们与人为宗教结合，形成了形形色色的民间信仰。

巫 教

15-1-1　巫师　郑捷摹绘

巫教本来是一种原始信仰，女为巫，男为觋，北方流行萨满，该神职人员也是先由女性后由男性承担。不过，巫觋有一个发展变化过程，史前的巫觋是一种自然信仰，崇拜多神，少欺骗行为，巫觋与民众处于平等的地位。在原始社会晚期和文明时代初期，巫中出现了一种大巫，又称祭司，其地位较高，是部落首领或王的助手，也有较高的文化知识，有的发明了文字，这时是巫觋的黄金时代。进入阶级社会以后，巫觋已失去了远古时期的朴实，也不再从事文化传承了，而是惯用欺骗手段，装神弄鬼，骗取钱财。清末民初社会上的巫师、跳大神的、端公、神汉等都是这种性质，因此其社会地位每况愈下，不受欢

15-1-2　巫坛表演　《图画日报》

15-1-3　巫婆　《清末民间风俗图》

15-1-4　跳神　云南晋宁滇人铜像

迎。《红楼梦》第二十五回赵姨娘出重金，请巫婆剪纸人作为王熙凤、贾宝玉的替身，并与鬼偶钉在一起，就是典型的模拟巫术。老北京的人们称巫婆为"瞧香的""跳大神的"。某些人因家中有困难，如有疾病、无子等就把巫婆请到家中，在家中摆香案，设供品，然后巫婆请神附体，作驱鬼状，并且取一点香灰作为"仙药"，让病人服下。事后病愈，再请巫婆还愿。上海称巫婆为"看香头的"。

他们的行业神是黄帝、麻姑。如今城市中巫觋已经极少见，但在农村还有一定市场。

15-1-5　紫姑　《中国迷信研究》

15-1-6　轩辕帝　《中国神像剪纸》

道 教

道教是我国土生土长的人为宗教，它的有些教义来自巫教，因此在道教的派别中有一种"巫道"。道教的从业人员为道士，但分为两种：一种是道观内的道士；另一种是居家或闲散的道士，他们四处云游，通过化缘、卖镇宅神符、推演周易等谋生。道士的祖师爷为老子、张天师。过去有钱人生病或者遇到丧事，就请道士设坛祈祷，借以请神赐福免灾，这就是道教的打醮仪式。

15-2-1　道士　清明上河图

15-2-2　诚演周易　《启蒙画报》

15-2-3　道士化缘　《清末民间风俗画》

15-2-4　祖师张天师　《三教源流搜神大全》

15-2-5　道场　民间烟画

佛 教

佛教起源于南亚印度和尼泊尔，东汉时期传入中国，成为中国的重要人为宗教。佛教信仰有剃发为僧者，俗称和尚，也可以是居住在家里的居士。就活动形式而言，绝大多数僧人是住在寺院内，从事佛教活动，有些则是行脚僧，他们到处化缘，靠民众施舍生活。所谓化缘有两种：一种是僧人到公馆豪宅，手敲木鱼，口念"阿弥陀佛"，主人知道后，必赠之以银

15-3-1 行脚僧 《大雁塔玄奘法师像》

15-3-2 剃度图 敦煌唐代壁画

15-3-3　卖佛珠　民间烟画

两,或者送饭菜,俗称"化斋饭";另一种是有钱人进寺院焚香,方丈捧出化缘簿,有钱人必送银钱,由方丈把赠钱人姓名写在化缘簿上。在西南和北方地区还有一种藏传佛教,从事藏传佛教者称其为喇嘛,其中也有寺院喇嘛、居家喇嘛两种。

由于佛事活动繁多,也出现了一些专门为佛事服务的行业,如装佛像的、画壁画的、卖佛珠的、卖地藏香的等。

佛教的祖师是释迦牟尼。

15-3-4　祖师释迦牟尼　《中国佛像图鉴》

算 命

在远古社会有各种占卜术，如卜骨、石卜、木卜、蛋卜等，是由巫觋执行的。

算命是由古代占卜发展而来的。清末民初的算命占卜有以下几种形式。

一种是算命瞎子、瞎婆。这些人地位低，年纪较大，无人瞻养，但是有一点星象常识，他们常常走街串巷，吹着笛子或者打着小锣，由于当事人失明，都挂着一根马竿，由小孩子拉着行走，有些老太婆、妇女往往请瞎子算命。

一种是测字，又称拆字。这些人多半为男性，年龄较大，他们没有固定的地方，走街串巷，遇到有人拿纸条来求测字，测

15-4-1 算命先生 《成都便览》

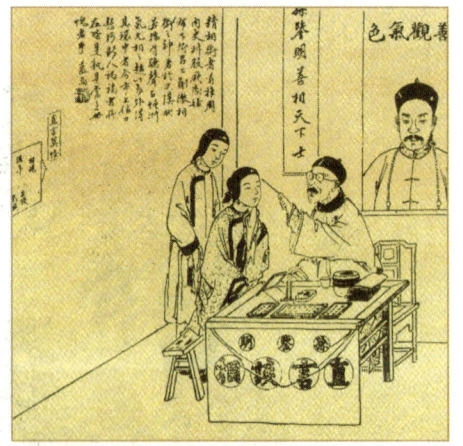

15-4-2 算命 《旧都三百六十行》

15-4-3 扶乩 《廛间之艺》

15-4-4　女相师　民间烟画

字先生就察言观色，探听求字者的心情，对所递的纸条进行解释，从中索要点小钱。

一种是卦棚。算命先生在住宅附近、庙会或市场搭一个卦棚，内放桌子，外边挂有招幌，如"活周公""李半仙"，前来者有看婚娶日子的，有批八字的，也有占卜吉凶的。

一种是摆地摊的。他们在各个庙会、市场或其他人多的地方，设一个小地摊，挂有招牌，进行占卜、算命。上海有一种衔牌算命的，算命先生在桌子上铺若干张纸牌，同时提一鸟笼，有人来算命时，他把鸟笼打开，由鸟衔一张纸牌，这时算命先生根据纸牌上的文字，揭开谜底。

15-4-5　算命　《旧都三百六十行》

还有一种地位较高的算命先生，即相面先生，又称"大相士"，他们设有看相馆，或者住在大饭店内，挂大招牌，并在报纸上刊登大广告，他们熟悉《易经》《奇门遁甲》《十筮正宗》等书，能说会道，很有气派，专门为有钱人和官吏看相，能够赚大钱。在上海还有女相士。

在三百六十行中，还有阴阳先生和看风水的。阴阳先生又叫阴阳生，某家有丧事，必请阴阳先生来，由其看死者面相，开具殃榜，写明姓名、年龄，以及何日入殓、停尸、安葬，并在大门上贴告示。看风水的，又名堪舆师，主管

15-4-6　扶乩　民间烟画

15-4-7　祖师周公　《三才图绘》

15-4-8　祖师姜太公　《中国神像剪纸》

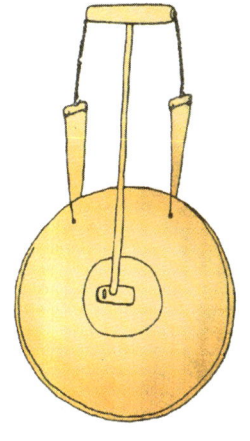

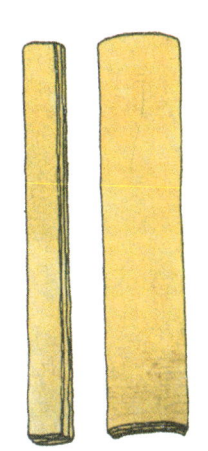

15-4-9　算命者响器三弦　《招幌辞典》　　15-4-10　算命者响器铜点 《招幌辞典》　　15-4-11　算命者响器报君知 《招幌辞典》

选择阳宅坐落、阴宅位置，其招牌上写有"地理风水，阴阳二宅"字样。看风水的也兼管阴阳先生的事。此外还有扶乩、课命等。

算命人上街必摇动响器，响器有三种：铜点、三弦、报君知，民众一听到上述响声，就知道算命先生来了。

算命业的祖师为周公和姜太公。

15-4-12　看命　清明上河图

卖供品和辟邪物

15-5-1 卖艾叶白蒿 民间烟画

由于城乡信仰众多，宗教活动频繁，经常需要大量的供品，因此出现了为此服务的一些行业。

首先是经常性的供应，加制香、卖香、卖纸钱、卖纸锭、纸课子、打纸钱等。

15-5-2 神模店 《旧上海图册》

15-5-3 卖纸扎祭品 《图画日报》

其次是节日性宗教迷信用品的供应，如春节期间卖财神、元宝、芝麻秸；五月节卖艾叶、白蒿；腊月二十三卖灶神轿子、祭灶用的关东糖等。

此外，卖一些与人生礼俗有关的信物，如姑娘出嫁要买避火图，于是有专门卖避火图的；小孩子满月、周岁则为其买长命锁等。

15-5-5 卖芝麻秸 《清末民间风俗画》

15-5-4 送纸锭 民间烟画

15-5-6 卖财神元宝 《图画日报》

15-5-7 卖送灶轿子 《图画日报》

主要参考书目

吴友如. 吴友如画宝 [M]. 上海：璧园，1909 年.

傅崇矩. 成都通览 [M]. 成都：通俗报社，1910 年.

佚名. 绘图三教源流搜神大全 [M]. 上海：古籍出版社，1990 年.

曲彦斌. 招幌辞典 [M]. 上海：辞书出版社，2001 年.

欧阳琳等. 敦煌壁画线描集 [M]. 上海；书店出版社，1995 年.

李家瑞. 北京风俗类征 [M]. 北京：商务印书馆，1937 年.

郑振铎. 中国版画史 [M]. 上海：良友图书印刷公司，1941 年.

农工商部. 棉花全图说 [M]，铅印本，1911 年.

胡耐安. 中华全国风俗志 [M]. 上海：广益书局，1923 年.

刘渊临. 清明上河图之综合研究 [M]. 台湾：艺文印书馆，1969 年.

萨莫尔·维克多康斯坦. 京都叫卖图 [M]. 北京：图书馆出版社，1994 年.

宋兆麟. 华夏诸神 [M]. 台湾：云龙出版社，1999 年.

侯式亨. 北京老字号 [M]. 中国对外经济贸易出版社，1989 年.

王永斌. 北京的商街和老字号 [M]. 北京：燕山出版社，1999 年.

孙晓琴. 天地人鬼神图鉴 [M]. 中国对外翻译出版公司，1997 年.

吕胜中. 中国民间木刻版画 [M]. 湖南：美术出版社，1990 年.

王树村. 杨柳青年画 [M]. 台湾：汉声出版社，2002 年.

杨郁生. 云南甲马 [M]. 云南：人民出版社，2002 年.

叶大兵等. 中国风俗辞典 [M]. 上海：辞书出版社，1990 年.

陈师曾. 北京风俗图 [M]. 北京：古籍出版社，1986 年.

高燮初. 吴地三百六十行泥塑 [M]. 上海：画报出版社，1997 年.

王稼句. 三百六十行图集 [M]. 古吴轩出版社，2002 年.

蓝翔等. 中国老 360 行 [M]. 百花文艺出版社，2003 年.

汉声杂志社. 烟画三百六十行 [M]. 台湾：汉声出版社，2002 年.

后 记

　　编著《图说中国传统行业》是我准备已久的一项工作。在多年从事博物馆工作中，就十分留意搜集历史文献典籍和与历史文物中的有关图像资料。在我馆的图书信息中心保存有许多《火花》《烟画》，其中就有不少三百六十行的内容，这些资料对我帮助很大。过去也曾编著过诸如《中国节·图说民间传统节日》之类的图书，后来由研究员宋兆麟先生提议，建议编著一本有关"三百六十行"内容的书籍，并把他积累的有关图像资料交给了我，其中有些是我馆美术工作者张毓峰老师临摹的手稿。在多年搜集资料的基础上，又进行了一年多的补充、综合和研究，美术设计师、临摹专家郑婕女士对该书中的图像资料进行了不少整理和加工，最后草成《图说中国传统行业》一书。在此我特别要感谢宋兆麟先生的指导和郑婕女士的帮助，也要感谢张毓峰老师，以及所有支持此书出版的人们，本书的编著也有他们的一份贡献，在此一并致以深深的谢意。

李露露